AF363745

LA FORTUNE,

HISTOIRE CRITIQUE.

Quis me uno vivit felicior, aut mage nostra hac
Optandam vitam ducere quis poterit ?

Catul.

M. D. CC. LI.

Toto quippe mundo & locis ómnibus, omnibuſque horis, omnium vocibus Fortuna ſola invocatur, una nominatur, una accuſatur, una agitur rea, una cogitatur, ſola laudatur, ſola arguitur & cum convitiis colitur: volubilis, à plerifque verò & cæca exiſtimatur, vaga, inconſtans, incerta, varia, indignorumque fautrix. Huic omnia expenſa, huic omnia feruntur accepta, & in tota ratione mortalium, ſola utramque paginam facit.

Plin. Hiſt. Natur. L. 2.

CAR par tout le monde, & en tous lieux, à toutes les heures, un chacun reclame la Fortune. On a recours à elle seule : on l'accuse, on la charge de tout ce qui se fait : on ne pense qu'en elle : on ne fait cas que d'elle ; & néanmoins on la blâme, & l'adore-on avec outrages : l'appellant variable, aveugle, inconstante, sans arrêt, incertaine, diverse, & mere de ceux qui n'ont aucune bonne partie en eux. On rend compte à elle seule de toutes choses, tant du proffit que du dommage : & néanmoins elle seule fait la mise & la recepte.

Ant. du Pinet.

LETTRE

PRELIMINAIRE

A MADAME DE ROB...

AVANT que de lire l'Ouvrage que j'ai l'honneur de vous envoyer, MADAME, il est à propos que vous vous rappelliez quelques traits qui regardent la Théologie des Anciens. Cette Théologie, quoiqu'on en dise, n'étoit point une chose à dédaigner. Les premiers Législateurs l'avoient tirée du sein même de la Nature, & l'avoient appuyée du secours des Loix si nécessaires pour le gouvernement des hommes, & pour le maintien des sociétés. Ils admettoient un Etre suprème, dont la puissance & la sagesse étoient sans bornes; qui avoit existé de tout tems, & qui existoit réellement partout.

Mais cette Théologie dégénéra bien-tôt, & s'écarta de sa simplicité primitive. Pour la faire agréer

au peuple, il fallut la cou-
vrir de fables, d'allégories,
de symboles, d'emblèmes.
Il fallut, si j'ose ainsi parler, décomposer la Divi-
nité & la partager en plusieurs Etres subalternes,
distingués les uns des autres, & dont les fonctions
étoient aussi différentes que
le culte qu'on leur rendoit.

Tout ce détail, Madame,
vous est parfaitement connu, par l'étude suivie que
vous en avez faite dans les
originaux mêmes. D'ail-
leurs, il n'est ici question

que de la Fortune que les Anciens avoient érigée en Divinité : & c'eſt ſur elle ſeulement que vont rouler mes réflexions. Je les abre-gerai, crainte d'ennui, au-tant que je pourrai.

Il y avoit autrefois, pour expliquer l'ordre & le gou-vernement des choſes de ce monde, trois opinions ou trois ſyſtèmes de Philo-ſophie. Ceux qui croyoient que tout avoit été réglé par un Etre ſuprème, & qu'il étoit conduit par une Pro-vidence ſpéciale, adoroient Minerve, qui repréfentoit l'intelligence Divine. Ceux dont l'aveuglement d'efprit étoit affez grand pour penfer que tout arrivoit au hafard, & qu'il n'y avoit point de caufe premiere, adoroient la Fortune ou une Déeffe volage & (1) capricieufe qui agiffoit fans difcernement. Ceux enfin qui s'imaginoient que tout arrivoit néceffairement & par l'or-

[1] *Nunquam fiftit in eodem ftatu,*
Semper movetur, varidt & mutat vices,
Et fumma in imum mergit, & verfa erigit.
Auf. in Epig.

dre invariable du Deftin,
adoroient les Parques que
rien ne pouvoit fléchir,
fourdes aux larmes & aux
cris, plus fourdes encore
aux prieres les plus foû‑
mifes.

On ignore de quelle
langue vient le nom de
Fortuna, Fortune. Varron,
le plus favant des Romains,
croyoit que c'étoit de la
langue des Sabins, & que
Tatius avoit le premier in‑
troduit à Rome & le nom
de la Divinité, & la Divi‑
nité elle‑même. Sous le

regne de Servius Tullius, on lui bâtit deux Temples, l'un sous le nom de la bonne Fortune, *Bona Fortuna;* & l'autre sous celui de la Fortune virile, *Fortuna virilis.* Plutarque parle d'un troisieme Temple que le même Servius Tullius avoit fait construire à Rome, & qu'il avoit aussi consacré à la Fortune sous le titre de *Primigenia.* Il vouloit, par ce monument public, lui témoigner sa reconnoissance des soins qu'elle avoit pris de son élevation, en le tirant d'un état vil & obscur, & en lui donnant une couronne peu attendue, quoique méritée.

Avant les Romains, il y avoit dans presque toutes les Villes de la Grece des Temples dédiés à la Fortune, comme nous l'apprend Pausanias dans sa description Historique & Géographique de la Grece. C'est ce qui avoit engagé Pindare à nommer la Fortune la Conservatrice des Villes, & à lui faire tenir de chaque main un gouvernail, pour preuve de sa puissance, & de la prompte direction qu'elle donnoit aux affaires publiques. On voit encore quelques monumens anciens, où la Fortune est représentée tenant de la main droite un gouvernail de Navire, *clavum Navis*, & de la gauche une corne d'abondance. C'étoit-là son attribut le plus ordinaire.

Je ne vous parlerai point ici, MADAME, ni des différens Temples que la Fortune avoit dans la Grece, ni des différentes manieres dont elle y étoit révérée. Cela dépendoit des tems & des lieux, & changeoit aussi suivant les besoins qu'on croyoit en avoir. Dans un Temple, par exemple, elle étoit (1) adorée tenant le Dieu Plutus sur ses genoux, & le caressant familierement. Dans un autre, ayant de-

[1] Quelques Peintres célebres avoient aussi représenté à Athenes la Paix tenant sur ses genoux le Dieu Plutus, ou le Dieu de l'abondance & des richesses : ce qui convient parfaitement à l'idée qu'on doit avoir de la Paix. *Pauf. in Bæot.*

vant elle une corne d'a-
bondance & un petit A-
mour aîlé, pour marquer,
dit Panſanias, combien la
Fortune auprès des Fem-
mes eſt aſſûrée, ou preſque
aſſûrée, de réuſſir. Dans un
autre enfin, ayant à ſes
côtés deux Déeſſes moins
conſidérables ; ſavoir, la
Perſuaſion & la Conſola-
tion. Vous trouvez-là, ſans
doute, un eſſai du goût
qu'avoient les Anciens
pour perſonnifier toute
choſe, & les vertus, & les
paſſions, & les talens. Ce

goût, à certains égards,
avoit quelque chose de noble & de frappant.

Bupalus, grand Archi-
tecte & grand Sculpteur,
passe pour le premier qui
ait fait une Statue de la
Fortune : & ce fut à Smyr-
ne qu'il y travailla, avec
tout le succès possible. Il
l'avoit représentée assise,
ayant une boule sur la tête,
& une corne d'abondance
à la main. Dans la suite, on
la représenta debout, ayant
un pié sur une boule ou sur
une roue, & se tournant,
par

par ce moyen, de tous les côtés.

Versatur celeri Fors levis orbe rotæ :

Ou, comme dit Ovide :

Et tantum conſtans in levitate ſuâ eſt.

Cependant les Romains, pour marquer que la Fortune leur étoit attachée par goût, la repréſentoient quelquefois aſſiſe ſur un throne, tenant un ſceptre de la main gauche, & des tenailles de la droite, avec cette legende : *Fortunæ populi Romani.* C'eſt ce qu'on voit dans le revers d'une

Médaille, frappée au nom de l'Empereur Nerva. Pour ce qui regarde ces mots célebres, *A la Fortune, ou à la bonne Fortune de tel ou tel Empereur*, on trouve plusieurs anciennes Inscriptions qui commencent ainsi, & qu'on peut lire avec satisfaction & utilité, dans les Recueils des Antiquaires.

La Fortune ayant été mise au rang des Divinités, on ne pouvoit s'empêcher d'instituer des Fêtes à son honneur. Il y en avoit d'établies dans la Grece. Il y en avoit auſſi à Rome : & je m'imagine que le Temple bâti par Q. Fulvius Flaccus, Cenſeur, & qui portoit le nom de *Fortunæ Equeſtris*, venoit des courſes de chevaux qu'il avoit ordonnées pour faire honneur à la Fortune. Et ſi j'oſois former ici une conjecture d'après le vers ſuivant, tiré de la premiere (1) Elegie de Pedo Albinovanus,

Et cæcis cæca triumphat equis :

je dirois que dans ces cour-

(1) V. l'édition qu'a donné de ce Poëte le fameux Jean le Clerc de Hollande.

ſes, on mettoit quelque
gaze noire ſur les yeux des
chevaux, ainſi que ſur les
yeux de celle qui repréſentoit la Fortune. Et cela rendoit le ſpectacle plus in-
téreſſant.

Je ne vous ai parlé juſ-
qu'ici, MADAME, que du
culte que les Payens aveu-
glés par leurs paſſions, &
peu attentifs à cet ordre
merveilleux qu'a établi la
Providence, rendoient à la
Fortune. Je vais vous parler maintenant du culte que
lui rendirent les Juifs, pen-

dant le cours d'un de ces égaremens auxquels ils étoient si sujets. Ils dresserent une Table à la Fortune & lui sacrifierent, en l'appellant la Reine du Ciel, & la Dominatrice de l'Univers. Ils disoient, en même-tems à Jeremie : « O » Prophete ! Nous ne vou- » lons plus écouter vos dif- » cours. Nous en ferons à » notre volonté. Nous sa- » crifierons à la Reine du » Ciel, & nous lui ferons » des effusions, comme ont » fait nos Peres, nos Prin-

» ces & nos Rois. Tout nous
» réuſſiſſoit alors: Nous re-
» gorgions de biens. »

C'eſt ainſi, remarque M. Boſſuet dans ſa Politique tirée des propres paroles de l'Ecriture Sainte, c'eſt ainſi que trompés par un long cours d'heureux ſuccès, les hommes donnent tout à la Fortune, & ne connoiſ-ſent point d'autre Divini-té.... C'eſt mon étoile, diſent-ils, c'eſt l'aſtre puiſ-ſant & benin qui a éclairé ma naiſſance, qui met tous mes ennemis à mes piés...

Mais il n'y a dans le monde, ni Fortune, ni Aſtre dominant. Rien ne domine que Dieu. « Les étoiles, » comme ſon armée, mar- » chent à ſon ordre : cha- » cune luit dans le poſte » qu'il lui a donné. Il les » appelle par leur nom, & » elles répondent : Nous » voilà. Elles ſe réjoüiſſent » & brillent pour celui qui » les a faites. »

Le ſyſtème qui donne à la Fortune tant de (1) cré-

[1] Plaute l'appelloit *Divûm atque Ho-minum ſpeċtatrix & hera*.

b iiij

dit & tant d'autorité, ne fut
pas enfeveli, comme il devoit l'être, fous les ruines
du Paganifme. Il lui furvé-
cut, & lui furvit encore.
Les Chrétiens, quoique
délivrés de toutes les fu-
perftitions que l'ignorance
avoit introduites, ne pu-
rent réfifter à l'idée qu'on
avoit eue jufqu'à eux de la
Fortune. Ils la regarderent
comme une Divinité, ou
du moins, ils fe fervirent
de termes propres à faire
croire qu'ils la regardoient
comme telle. On en trou-

ve des exemples fréquens dans les Orateurs, dans les Poëtes, dans les Hiſtoriens mêmes qui ont fleuri depuis la naiſſance de Jeſus-Chriſt. Les uns diſent, ſans aucun ménagement, qu'un tel a réuſſi, parce que la Fortune lui a été favorable; qu'un tel n'a eu toute ſa vie que de mauvais ſuccès, parce qu'elle lui a été contraire. Les autres ſoûtiennent, comme une choſe inconteſtable, que la Fortune eſt volage, changeante, capricieuſe, qu'elle ſe gouverne au hafard, qu'elle préfere les jeunes gens aux vieillards, qu'elle exerce enfin une efpece de fouveraineté fur les chofes du monde. Tout cela, MA-DAME, eft fi oppofé à l'efprit du Chriftianifme, que je ne conçois point comment on a pû donner dans de pareilles extravagances; comment il s'eft trouvé des Auteurs capables de les avancer, & des Lecteurs capables de les approuver. La folie & l'imprudence font égales de deux côtés,

Les Empereurs Romains qui ont vécu avant le regne de Conſtantin, conſervoient dans l'appartement le plus reculé de leur Palais, une Statue d'or de la Fortune, qu'ils regardoient (1) comme leur ſauve-garde, comme l'appui & la protectrice de leurs Etats. Quelques-uns mêmes de ces Empereurs, étant au lit de la mort, firent remettre cette Statue

(1) Cette Statue, au rapport de Suetone, *inter cubiculares colebatur*. V. la note de Caſaubon ſur cet article, *in Oct. Cæſ. Auguſto*.

à ceux qu'ils avoient dé-
signés pour leurs Succef-
feurs. Combien de Princes
Chrétiens en auroient-ils
fait autant, s'ils l'avoient
ofé ; & combien aujour-
d'hui, s'ils l'ofoient encore,
agiroient-ils de la même
maniere ? Combien de Hé-
ros, de Conquérans, de
fiers Capitaines, ont-ils
parlé de la Fortune comme
de quelque chofe de réel
& d'exiftant ? Et quand ils
s'engageoient dans des en-
treprifes périlleufes, &
qu'on leur en faifoit fen-

tir les conféquences, ils répondoient courageufe-ment: Tout réuffit à ceux qui font nés heureux. Mais je demanderois volontiers: qu'eft-ce que d'être né heureux?

. Je finis, MADAME, par un trait qui regarde le vieux Duc d'Epernon. Quand il fut pourvû du Gouverne-ment de Normandie, dont il retint la plûpart des Villes fous l'obéiffance du Roi, pendant que les autres Provinces du Royaume fui-voient le parti de la Ligue,

V. fa vie par Girard fon Seere-taire.

tout lui rioit, tout lui ap-
plaudiſſoit. Le jour de ſon
entrée publique à Rouën,
la Ville lui préſenta une
Fortune de vermeil doré,
qui tenoit un homme é-
troitement embraſſé, avec
ces mots Italiens qui fai-
ſoient alluſion à ſon nom :
E per non laſciar-ti mai;
C'eſt pour ne te laiſſer
jamais. Cependant, cet
homme dont les commen-
cemens avoient eu tant d'é-
clat, qui ſe voyoit le plus
ancien Duc & Pair de Fran-
ce, le plus ancien Officier

de la Couronne, le plus ancien Général d'armée, le plus ancien Gouverneur de Province, mourut à Loches difgracié, & au milieu de tous les (1) chagrins que fes ennemis avoient cherché à lui procurer. Il n'étoit plus que l'ombre de lui-même.

Je fuis avec refpect, MADAME, &c.

____

(1) *Nemini Fortuna currum, miffum à carcere intimo,*
Labi inoffenfum per æquor candidum ad Calcem finit. Varro.

LA FORTUNE.

CHAPITRE PREMIER.

Comment la Fortune se plaignit à Jupiter, & lui demanda la permission de descendre sur la Terre, pour vérifier ce qu'on y disoit d'Elle.

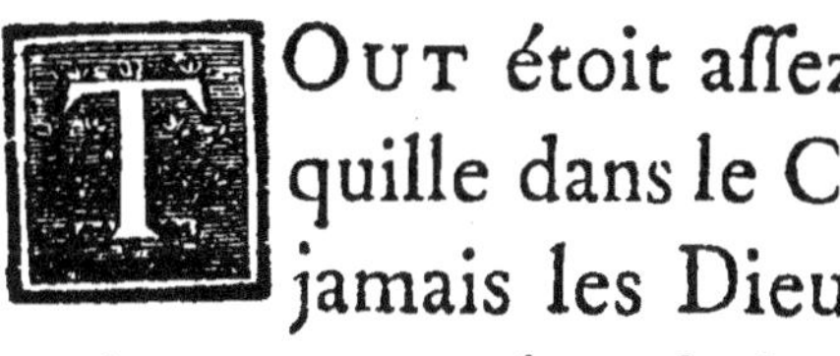Out étoit assez tranquille dans le Ciel, & jamais les Dieux n'avoient paru plus desœuvrés,

A

ni plus oififs. Jupiter fatigué de
voir les hommes faire un fi
mauvais ufage de leur raifon,
les laiffoit avec mépris fe promener de chiméres en chi-
méres, & d'erreurs en erreurs :
il ne leur préfentoit jamais une
main fecourable. Junon qui
n'étoit plus touchée de fon an-
tique vertu, ni affiégée comme autrefois par des fcrupules,
fe livroit toute entiere aux plaifirs qui la cherchoient en foule ; & même elle n'y gardoit
point cet air de bienféance que
gardent (1) les Femmes fen-

(1) Jufque dans les chofes malhonnêtes,
difoit Madame de Sevigné, il y a une hon-
nêteté à obferver.

fément voluptueufes. Mars &
Venus n'ayant plus de Mari
jaloux à les obferver, ni de
précautions à prendre pour fe
voir l'un & l'autre, tomboient
dans cette molle nonchalance
qui annonce la fin de l'amour.
Pallas, la fage Pallas, ne voyant
plus fur la terre que des ames
communes & abjettes, ou tou-
chées d'un vil intérêt, ou occupées de bagatelles & de
niaiferies, n'infpiroit plus aux
hommes ni des fentimens ma-
gnanimes, ni des vertus d'é-
clat; ne les excitoit plus à l'a-
mour de la Patrie, ni à l'amour
du bien public. Apollon qui fe

A ij

sentoit diminuer en détail, &
n'avoit plus assez de tête pour
faire de longs ouvrages, ni
assez de force pour en faire de
bons & d'utiles, ne s'amusoit
qu'à composer de petits livres
sans mœurs ni vraisemblance,
ou à répandre dans le public
des Poësies foibles d'expres-
sions, plus foibles encore de
pensées.

Momus seul triomphoit en
secret, & ne perdoit aucune
occasion de plaisanter. Il se
railloit également & des Dieux
& des Hommes : des Dieux,
qui, par je ne sçai quel caprice,
ne gouvernoient plus les affai-

res de ce bas monde comme ils y étoient obligés ; des Hommes qui, n'étant plus gouvernés par les Dieux, s'abandonnoient à toutes fortes d'extravagances. Les uns l'approuvoient avec malignité ; les autres le blâmoient avec aigreur : ce qui est d'ordinaire la destinée des Plaifans de profeffion. Pour Momus, il s'en mettoit peu en peine. Les raifons & les excufes ne lui manquoient point.

Pendant cette efpece d'interregne, la Fortune s'avifa de faire des réflexions, elle qui n'en avoit jamais faites. « Se-

» rai-je toûjours expofée, di-
» foit-elle, aux injures, aux
» reproches, aux mauvais dif-
» cours des hommes ? M'ac-
» cuferont - ils toûjours d'in-
» conftance, de légereté, d'a-
» veuglement ? Font-ils quel-
» que chofe à propos, & qui
» leur réuffit ? viennent - ils à
» bout de quelque entreprife
» périlleufe & difficile, ils s'at-
» tribuent toute la gloire du
» fuccès. Leur arrive-t'il, au
» contraire, des événemens
» fàcheux, des difgraces qu'ils
» ont bien méritées par leur
» imprudence ; les dépouille-
» t'on de leurs Charges & de

» leurs Emplois ; les fait-on
» rentrer dans l'obfcurité d'où
» ils étoient fortis ? c'eft la For-
» tune, s'écrient-ils, c'eft la
» Fortune qui en eft la caufe...
» Il y a plus ; fi je fais des heu-
» reux, on me reproche de pré-
» férer le vice à la vertu, la
» baffe flatterie à l'amour de
» la vérité, je ne fçai quel ta-
» lent de fe faire valoir aux ta-
» lens réels & fupérieurs. Si
» je prodigue les richeffes,
» c'eft, dit-on, à des hom-
» mes nouveaux & les pre-
» miers de leur race ; à des hom-
» mes corrompus, qui em-
» ploient ces mêmes richeffes

» à féduire l'innocence, & à
» étaler un luxe fouvent ridi-
» cule, plus fouvent encore
» odieux & choquant. Si j'éle-
» ve quelqu'un aux premieres
» places de la Robe ou de la
» Prélature, quel choix, fe
» dit-on auffi-tôt à l'oreille !
» Comment peut-on confier
» des places fi diftinguées à des
» ames fi viles ? Quelle honte
» de voir fur nos têtes des im-
» béciles, des indignes qui
» devroient être foulés aux
» pieds ! ... Tels font les dif-
» cours des hommes ... C'en
» eft trop ... Je veux defcen-
» dre fur la terre, & connoître

» par moi-même ſi ce qu'on
» m'impute eſt véritable ou
» faux. L'honneur de la divi-
» nité y eſt engagé. Elle doit
» être au-deſſus des murmures
» des hommes inſolens & cu-
» rieux.

Sur cela, & ſans entrer dans un plus grand détail, la Fortune tourna ſes pas vers le Palais des Deſtinées. C'eſt-là que Jupiter Pere des Dieux (1), & Roi des hommes, fait ordinairement ſa demeure: C'eſt-là qu'il tient ſa Cour. L'entrée de ce Palais eſt gardée par le Tems, vieillard à tête chauve,

____

(1) *Divôm Pater atque hominum Rex.*
Virg.

toûjours en action, & qui, tenant fa faulx tranchante d'une
main, & de l'autre un fablier,
exécute, fans délai ni remife,
tous les ordres des Deftinées.
Le paffé eft à fes yeux comme
l'avenir : le préfent feul l'occupe, mais ne l'occupe qu'un
inftant, lequel fe renouvelle
encore à chaque inftant.

La premiere cour du Palais
des Deftinées eft fort fpacieufe.
On y voit un Kiofch à la maniere des Scythes Hyperbo-
réens, fous lequel font les trois
Parques qui tiennent les fu-
feaux où font entortillez les fils
des vies particulieres de chaque

homme. Ces fuseaux tournent inceffamment par le moyen d'une rouë d'acier inventée par Vulcain. Les fils font de différentes fortes : les uns d'or & d'argent, les autres de foye; les autres enfin de laine & de matieres encore plus groffieres. A mefure que ces fuseaux fe dévident, les Parques font occupées à en couper les fils. Les Vœux, les Prieres, les Remontrances font à leurs pieds : mais on ne gagne rien fur ces trois Sœurs inéxorables ; on ne peut point les toucher. Leurs cifeaux coupent chaque fil à l'endroit précifément où il doit être coupé.

La seconde cour est pavée de carreaux de marbre blancs & noirs. Il y a aux deux côtés deux longues galeries, dans l'une desquelles sont les représentations de tous les mondes possibles & *créables*, avec leurs avantages & leurs desavantages. Dans l'autre est la représentation du monde actuel & créé, le meilleur de tous, celui où les avantages & les desavantages se compensent mutuellement & de la maniere la plus parfaite. On y voit comment la bonté de Dieu s'accorde avec sa justice; comment les loix de la Nature sont simples , conſtantes & regulieres ; en un mot , comment le Morale & le Phyſique s'ajuſtent l'un à l'autre & forment un tout admirable.

Dès que la Fortune parut aux portes du Palais des Deſtinées , le Tems la reconnut & lui dit : « Entrez , Déeſſe » puiſſante , qui faites (1) tant » d'heureux & de malheureux ; » entrez , on vous voit rare- » ment ici. » La Fortune entra , & s'arrêta quelques momens dans la premiere Cour

(1) *Fortuna ſævo læta negotio , &*
Ludum inſolentem ludere pertinax
Tranſmutat incertos honores ,
Nunc mihi, nunc alii benigna. Horat.

avec les trois Parques. Elles fe faluerent réciproquement : & comme elles n'avóient rien à fe demander les unes aux autres, elles fe quitterent fans fe rien dire. Les Parques parlent peu ; la Fortune encore mòins. Elles agiffent impérieufement, & toûjours à coup fûr.

La porte de la feconde Cour étoit fermée d'une grille de fer. Mercure qui y folâtroit & badinoit avec les trois Graces, l'ouvrit incontinent à la Fortune. Elle fourît : & les Graces l'ayant abordée de cet air féduifant à qui rien ne réfifte, elles lui dirent : « Quoique nous

» foyons affûrées de plaire,
» nous plairions affurément
» bien davantage, fi vous vou-
» liez toûjours nous favorifer.
» Mais vous dérangez fouvent
» nos projets: vous rompez nos
» mefures. Les nœuds que
» nous formons par des char-
» mes fecrets, vous les déliez
» d'un feul mot. Hélas ! que
» l'on feroit heureux, fi ce que
» les Graces ébauchent fi agréa-
» blement, la Fortune vouloit
» l'achever avec quelque forte
» de complaifance. » *Vous en*
méritez infiniment, repliqua-
t'elle, *jeunes & aimables Déef-*
fes. Mais comme vous avez vos

caprices, j'ai les miens aussi. Je tâcherai cependant de vous prévenir en tout ce que je pourrai. Un intérêt particulier m'appelle présentement dans le cabinet de Jupiter. Nous nous reverrons bientôt ; nous nous ajusterons ensemble ; nous agirons de concert. Et que peut - on refuser aux Graces ?

Mercure donna la main à la Fortune, & la conduisit dans le Salon qui est au bas du grand escalier du Palais des Destinées. Là sont couchés nonchalamment les quatre Ages sur des canapés ; sçavoir, l'Enfance, l'Adolescence, l'Age viril &

la

la vieilleſſe. Ils ſe regardent tantôt gaiment, & tantôt triſtement. Ils ſe reſſemblent, ſans ſe (1) reſſembler. Sur l'eſcalier, la Fortune trouva les douze Heures, qui ſe tenoient par la main. Une chaîne inviſible les aſſujettit l'une à l'autre, & les empêche de ſe ſéparer. Mercure, qui, de tout tems eſt le plus familier de tous les Dieux, leur mit, en paſſant, la main ſous le menton, & leur dit malignement : « Je » ne ſçai laquelle de vous eſt » l'Heure du Berger. Mais, » quoi ! je me trompe : vous

(1) *Facies non omnibus una,*
   Nec diverſa tamen. Ovid.

B

” l'êtes tour à tour. Je vous en
” félicite, & vous recherche
” également. ”

Après avoir traversé les deux antichambres & la fale où font enregîtrés toutes les vertus & tous les vices des hommes, leurs bonnes & mauvaifes actions, la Fortune, annoncée par Mercure, entra dans le cabinet de Jupiter. Il feuilletoit alors le grand Livre des Deftinées, & y puifoit les regles, qui ne changent point, de fa conduite & de fes projets. Car, quoiqu'il foit le plus grand des Dieux, il n'eft pourtant que l'exécuteur de leurs ordres &

de leurs décrets invariables.
Tout arrive, parce qu'il doit
arriver.; & l'ordre dans lequel
il doit arriver, ne peut fouffrir
aucune altération ni aucun délai. Le Livre des Deftinées
contient & ce qui a été, & ce
qui eft, & ce qui fera. Jupiter
y voit l'avenir, qui eft enchaîné
au préfent, comme le préfent
eft enchaîné au paffé. Tout eft
bien : car tout eft à fa place.
Les évenemens fe fuccedent
à point nommé les uns aux autres, ou, pour mieux dire, fe
développent & naiffent les uns
des autres (1).

(1) *Et ineluctabile fatum ... Virg.*

La Fortune aborda Jupiter fans cérémonie (les Dieux ne fe font point de complimens entr'eux) & lui demanda la permiffion de defcendre fur la terre. « Et quel eft le fujet de ce » voyage précipité, repliqua » Jupiter ? Quelle efpece de » curiofité vous faifit ? Jamais » Déeffe ne fut plus fédentaire » que vous. Comment, & » pourquoi votre humeur s'eft- » elle démentie ? » *Il y a long-tems, répondit la Fortune, que je fuis tourmentée d'entendre les plaintes ameres que les hommes font de moi. Ils m'infultent à tout propos. Ils difent hautement que*

je suis volage, capricieuse, aveu-
gle, & même insensée. Ils me re-
prochent de répandre sans choix,
sans discernement, toutes mes fa-
veurs . . . Souffrez, Pere & Maî-
tre des Dieux, que j'aille vérifier
par moi-même si les cris & les
murmures des hommes sont bien
fondés. « Des hommes, dites-
» vous, s'écria Jupiter surpris.
» Et que nous importe ce que
» les hommes pensent de nous?
» Ils sont si au-dessous de la
» Divinité, qu'ils ne peuvent
» l'effleurer par leurs plaintes
» & leurs reproches. Comme
» ils ne voyent que quelques
» détails, que leur vûë y est bor-

B iij

» née, ils trouvent souvent à
» redire à ce que nous faisons.
» C'est l'effet de la foiblesse
» humaine. Pour nous, qui
» voyons les choses en grand,
» qui voyons le tout-ensem-
» ble, nous devons assûrément
» trouver que tout est bien ar-
» rangé. D'ailleurs, l'ordre
» des Destinées ne se change
» point.... Contentez-vous
» cependant, Déesse, qui pa-
» roissez si vivement piquée ;
» descendez sur la terre ; ob-
» servez tout avec soin.... Je
» vous attends au retour ? »

La réponse naïve & simple
de Jupiter rallentit, pour quel-

que-tems, l'ardeur de la Fortune. Mais comme les paſſions
contredites augmentent de vi-
vacité, elle n'eut bien-tôt que
plus d'envie de deſcendre ſur
la terre, & elle engagea Mercure de l'accompagner. C'étoit
le meilleur guide qu'elle pût
choiſir. Ce Dieu facile, & qui
ne ſçavoit point refuſer, le
lui promit : & tout ſe diſpoſa
promptement au voyage ſou-
haité.

 » Mais où irons - nous, dit
 » Mercure à la Fortune ? Quel
 » Royaume jugez-vous le plus
 » propre à y faire vos obſerva-
 » tions. Car il ne faut point ſur

B iiij

» cela vous méprendre, ni faire
» des courses inutiles. Vous
» vous exposeriez à de nou-
» veaux reproches. « *Allons*
dans la Grece, repliqua la For-
tune. C'est aujourd'hui la region
du monde la plus florissante : celle
où l'on s'intrigue, où l'on s'agite
davantage, où l'on employe tou-
tes sortes de moyens pour s'avan-
cer & pour s'enrichir ; où avec
peu de vertus regnent les vices les
plus éclatans ; &, ce qui est encore
pire que les vices, l'art de les faire
estimer. C'est, en un mot, un as-
semblage de Républiques, & de
Monarchies ; de villes libres, &
de villes sujettes ; de peuples amis,

& de peuples ennemis tour à
tour, d'hommes qui n'ont aucun
caractere propre, & qui se plai-
sent à faire ridiculement ce qu'ils
voyent ou ce qu'ils soupçonnent
que font les autres. « J'approuve
» votre dessein, reprit Mer-
» cure. La Grece est effecti-
» vement le théatre le plus fer-
» tile en évenemens; le plus
» varié, le plus rempli de sce-
» nes nouvelles, que vous puis-
» siez demander… Mais pour
» réussir, il nous faudra souvent
» user d'adresse: il nous faudra
» prendre des formes différen-
» tes… L'étalage de la gran-
» deur sert quelquefois: cet éta-
» lage nuit quelque-fois aussi ?

CHAPITRE II.

Comment la Fortune descendit sur la terre avec Mercure, & ce qui lui arriva à Athénes.

DE toutes les villes de la Grece, Athenes étoit alors la plus opulente, la plus magnifique, la plus livrée au plaisir, aux amusemens, au luxe qui rend les citoyens avides de s'enrichir, aux superfluités qui les amollissent & les énervent. Il y avoit d'ailleurs à Athenes un Temple consacré à Mercure : & ce Temple, bâti avec goût & orné avec décence, offroit douze Prêtres qui cultivoient, à l'envi l'un de l'autre, les beaux Arts, dont Mercure eſt le protecteur. Ces Prêtres ne vieilliſſoient point dans une longue (1) oiſiveté, & dans je ne ſçai quelle pieuſe indolence. Leur principale occupation étoit de faire connoître tous les Ouvrages nouveaux, tous les Diſcours d'éloquence, toutes les pieces de Poëſie, non par des éloges fades & outrés, ou par des critiques amé-

____

(1) On ne pouvoit point dire d'eux ce qu'Horace diſoit des Prêtres de ſon tems :
Nos numerus ſumus , & fruges conſumere
    nati ,
Sponſi Penelopes , nebulones ... Horat.

res & injuftes ; mais en mar-
quant fimplement ce que chaque ouvrage contenoit d'utile
au bien public, de favorable
au progrès de l'efprit humain ,
d'avantageux à la perfection des
mœurs & du goût. Car le mauvais goût tient d'ordinaire aux
mauvaifes mœurs. Auffi le public fatisfait des travaux continuels des Prêtres de Mercure ,
& du zele ardent qu'ils témoi-
gnoient pour la vérité, n'en-
vioit-il point à ces Prêtres les
revenus dont ils joüiffoient, &
qui montoient à des fommes
affez confidérables. S'ils étoient
opulens, ils tâchoient du moins

de fe rendre utiles à la fociété qui les avoit enrichis.

Ce fut dans fon Temple que Mercure conduifit la Fortune : & comme leur but étoit de garder quelques jours l'*incognito*, Mercure ordonna à fes Prêtres naturellement difcrets, de ne les point annoncer. Mais dans quel lieu la Fortune peut-elle s'arrêter, que tout le monde n'en foit inftruit fur le champ? On la devine même, avant qu'elle paroiffe. Ce ne fut auffi qu'un cri dans la ville d'Athenes. Chacun courut au Temple de Mercure, & y courut avec un empreffement extraordinaire. En moins d'une heure, toutes les maifons furent défertes, tous les états confondus, tous les devoirs oubliés, toutes les bienféances anéanties. On alloit, on venoit dans les Places publiques : on fe pouffoit dans les rues : on fe heurtoit fans ménagement : on fe difoit les uns aux autres : *La Fortune eſt arrivée, la Fortune eſt arrivée.* Il n'y avoit point d'autre converfation, ni d'autre entretien. Les difcours polis, les invitations réciproques étoient entierement fupprimés. Hommes & femmes, jeunes & vieux, Magiſtrats &

Bourgeois, Gens de guerre & Artifans, Citoyens & Etrangers : tout étoit en mouvement, tout éprouvoit d'horribles convulfions. Depuis l'étage le plus élevé, (1) jufqu'à l'étage le plus bas, on n'entendoit qu'un langage uniforme : & ce langage fe réduifoit à ces quatre mots : *La Fortune eft arrivée.*

Paffe encore pour ceux qui aimoient à fe tromper, & qui compofoient le plus grand nombre. Mais on voyoit, au

____

(1) *Hæc Janus fummus ab imo Perdocet : hæc juvenes recinunt dictata fenefque.* Horat.

mépris de la Religion, qui eſt l'accompliſſement de toute ſa-geſſe, & de la Philoſophie bien entendue, qui en eſt le com-mencement: On voyoit, dis-je, la plûpart des Prêtres quitter leurs demeures tranquilles, & beaucoup de Philoſophes aban-donner les nobles occupations de leur cabinet, pour courir au-devant de la Fortune. Elle at-tiroit tout à ſa ſuite, & la ver-tu, & la raiſon. Foible vertu, raiſon encore plus foible, n'au-rez-vous jamais la force de ré-ſiſter à l'apât ſéduiſant des ri-cheſſes? Vous dementirez-vous toûjours à leur approche?

Dès

Dès que la Fortune se sentit comme assiégée dans le Temple de Mercure, par une foule innombrable de peuple, elle parut sur un balcon, tenant de la main gauche une bourse remplie de monnoies d'or, & de la droite quelques bagatelles qui avoient plus d'éclat que de solidité. A sa vûe, tout le peuple se prosterna humblement, en criant : *O Fortune ! O Fortune ! seule Divinité que* (1) *nous connoissions : O Fortune ! sois nous favorable.* La même priere se répéta cent & cent fois : les

(1) Les Anciens nommoient la Fortune *Fortunam fortem*, ou simplement *Fortem.*

C

mêmes cris se firent entendre de toutes parts : les mêmes de-sirs, le même empressement excitoient dans tous les cœurs & dans tous les esprits, les mêmes passions. Jamais il n'y en eut de plus vives.

Au milieu de tout ce tumulte, en considérant tant de mains suppliantes tournées vers elle, la Fortune resta quelque-tems muette & immobile. Puis s'appuyant sur Mercure qui l'étoit venu joindre, elle lui dit à voix basse : « Ce sont donc là » ces Athéniens que vous me » vantiez tant, ces hommes si » distingués par leur génie &

» leur goût, par la délicatesse
» de leurs sentimens ? Quelle
» race méprisable! Quelle mul-
» titude dévoüée au plus vil
» esclavage ! Ils ne connoif-
» sent donc, ces hommes qui
» ont si fort dégénéré de leurs
» Ancêtres, ils ne connoissent
» d'autre Divinité que la For-
» tune. Hé bien ! il faut les sa-
» tisfaire. »

En même-tems elle tira de
sa bourse plusieurs poignées de
monnoies d'or, & les jetta né-
gligemment sur le peuple assemblé. Ces monnoies avoient
le rare avantage de se multi-
plier entre les mains de ceux

qui pouvoient s'en faifir : & il
fuffifoit d'en avoir une feule,
pour être riche à jamais. Qu'on
juge & de l'ardeur que chacun
témoigna, & des mouvemens
rapides qu'exciterent les libéralités de la (1) Fortune. On ne
fut pas moins fenfible aux bagatelles brillantes, aux frivolités qu'elle diftribua. C'étoient,
pour la plûpart, des rubans de
toutes fortes de couleurs, dont
les Atheniens fe parerent, &
dont ils fe crurent bien parés.

On fit même dans la fuite un
commerce affez lucratif de ces

(1). *Qui duxit uxorem & liberos fufcepit,
obfides Fortunæ dedit.* Baco.

rubans: & ceux qui n'en avoient
point eu de la premiere main,
en acheterent à des prix ex-
orbitans. Hélas ! qu'il faut peu
de chofes pour fatisfaire la folie (1) & la vanité des hommes !

La Fortune fatiguée du bruit
qui augmentoit à chaque inftant, fe retira du balcon où elle
s'étoit placée ; & Mercure fit
figne de la main au peuple affemblé de s'en retourner pai-
fiblement, & de reprendre fes
occupations accoûtumées. Il
alla trouver enfuite la Fortune
qui fe promenoit dans le Tem-

____

(1) *O curas hominum ! O quantum eſt in
rebus inane !* Perf.

C iij

ple, & s'y entretenoit famî-
lierement avec le plus ancien
des Prêtres. « Pourquoi les
» Dieux ont-ils fait les hom-
» mes, demandoit ce Pontife
» avide de s'inftruire ? Quel a
» été leur but ? Quel a pû être
» leur deffein ? Et pourquoi,
» après-tout, les ont-ils fait fi
» ridicules, fi extravagans, fi
» foibles & fi malheureux ?
» Viens-je à confidérer l'hom-
» me en détail, je trouve d'a-
» bord que fon entendement
» eft obfcurci par mille préju-
» gés & par mille erreurs. A
» peine commence-t'il à pen-
» fer, qu'il commence à fe

» tromper. Je trouve enfuite
» que fon cœur eft déchiré par
» des paffions ardentes & tu-
» multueufes. Ce qu'il appelle
» plaifir eft une vraie peine, ou
» fuivi par des peines. Il veut
» être heureux, & ne fçait feu-
» lement pas en quoi confifte
» le bonheur. Je trouve enfin
» que fon corps, uni fi étroi-
» tement & lié par une main fu-
» périeure à fon ame : je trou-
» ve, dis-je, que c'eft une ma-
» chine fi cafuelle, fi facile à fe
» déranger, une machine dont
» les parties tiennent & fi peu
» & fi mal les unes aux autres,
» que la vie n'eft qu'un dépé-

» riffement continuel, qu'on
» meurt prefque en naiffant. «

· · Comme la Fortune héfitoit à répondre, Mercure prit la parole & dit au Prêtre curieux: Toutes vos remarques feroient juftes, toutes vos objections feroient fondées, s'il n'y avoit qu'un feul monde. Les Dieux auroient alors pris plaifir à le parer, à l'embellir, à y répandre l'abondance & toutes les commodités poffibles; à n'y placer que des Etres raifonnables, éclairés & auffi heureux que la condition des Etres bornés peut le permettre. Mais il y a une infinité de mondes,

parce que la matiere eſt infiniment étendue : il a donc fallu,
pour éviter l'uniformité toûjours déſagréable, diverſifier
ces mondes à l'infini, & leur
donner à chacun des habitans
qui n'euſſent entr'eux aucune
reſſemblance, ni pour la figure
extérieure, ni pour le caractere
de l'eſprit, ni pour les inclina-
tions, ni pour la maniere de
vivre. Si vous pouviez, mon
cher Pontife, parcourir, comme moi, ces différens mondes,
vous en trouveriez de cent fois
plus extravagans que celui que
vous habitez. J'en connois un,
par exemple, où l'on aſſûre que

tout va au mieux, quand tout
va de travers; où la folie eſt
préférée à la ſageſſe, l'imprudence à une conduite ſerrée &
circonſpecte, l'apparence de la
vertu à la vertu même, les richeſſes au mérite & aux talens;
où l'on veut avoir de l'eſprit,
ſans s'informer quel uſage on
doit faire de ſon eſprit, quels
ſont ſes droits & ſes prérogati-
ves; où l'on cherche à plaire,
& l'on plaît en effet aux dé-
pens du bon ſens; où enfin des
agrémens extérieurs, des airs,
des geſtes, des manieres tiennent lieu des qualités qui conſ-
tituent & font l'honnête-hom-

me. Hé bien ! voudriez-vous demeurer dans un pareil monde !

J'en connois un autre, ajoûta Mercure, où l'on a une si grande antipathie pour la vérité, qu'on la rejette unanimement dès qu'elle paroît. Il s'est trouvé de tems en tems quelques étrangers affez hardis, pour vouloir l'introduire dans le monde dont je vous parle. Mais à l'exception de peu de gens, tous les autres s'y font oppofés, comme on s'oppofe à des brigands & à des incendiaires : & ces étrangers n'ont remporté d'autre récompenfe

*

de leur zele, que des traitemens injurieux. Dans ce monde, on court après un Roman
dépouillé de toute vraiffem-
blance, & on laiffe-là une Hiftoire fidellement écrite : on
s'entête de prodiges, de toutes les fingularités qui fe pré-
fentent, de vaines prédictions,
dont la fauffeté fe découvre à
chaque inftant, & on ne fait aucun cas des vérités fimples
qu'offre la nature : en un mot,
on parle pour fe tromper, & on
fe trompe auffi ouvertement
que fi l'on fe fioit l'un à l'autre .... J'en appelle à la Fortune qui garde rrop long-tems

un silence qui lui fait tort.

Je tombe d'accord, répondit-elle, de tout ce que vient de dire Mercure. Parmi des combinaisons infinies d'Etres qui exiſtent dans le vaſte univers, il en doit exiſter de toutes les ſortes, les uns plus, les autres moins parfaits ; quelques autres enfin ſans aucune perfection. Mais ce n'eſt point aux Dieux qu'il faut s'en prendre. Leur puiſſance eſt ſans bornes, & ils n'ont pû agir ſur la matiere, ſans l'animer, pour ainſi dire, & la rendre toute vivante. Ils ont, par conſéquent, répandu par-tout des

Etres qui par la diverſité de leurs mœurs, de leurs coûtumes, de leurs goûts, de leurs paſſions, de leurs loix, de leurs opinions, de leurs ſyſtèmes, forment le ſpectacle le plus frappant à leurs yeux… Mais c'eſt c'eſt aſſez nous entretenir de choſes importantes à la vérité, mais qui n'ont aucun rapport à celles que je veux curieuſement éclaircir.

Chapitre III.

Comment la Fortune & Mercure, après avoir fait plusieurs petits voyages aux environs d'Athenes, y assisterent à un grand Conseil.

LA saison étoit charmante, & la campagne toute émaillée de fleurs, invitoit ceux qui aiment les beautés simples de la Nature, & d'ordinaire peu regardées, à s'y venir promener & à joüir de mille agrémens divers. Outre la situation favorable & l'assiete du pays, il y avoit encore autour de la Ville

d'Athenes plusieurs jardins &
plusieurs maisons de plaisance,
que les étrangers fréquentoient
sur-tout. Ils étoient dans cette
Ville en plus grand nombre
que les Citoyens mêmes. Les
uns y venoient pour prendre le
goût supérieur des Sciences &
des beaux Arts, & pour remonter à leurs communs principes.
Les autres étoient attirés par
les Spectacles brillans, par les
Jeux publics, par les Poësies
ingénieuses qui se renouvel-
loient sans cesse à Athenes. La
vie s'y passoit dans des plaisirs
continuels. Chaque jour offroit
quelque chose de singulier.

Mercure

Mercure propoſa à la Fortune d'aller viſiter quelques-unes
des maiſons de plaiſance qui
environnoient cette Ville , &
d'uſer pour cela de déguiſe-
ment. La Fortune y conſentit
avec plaiſir : & l'habit qu'elle
trouva le plus convenable pour
ſe cacher , fut celui de Perſan.

On voyoit tous les jours dans
la Grece des Voyageurs qui
prenoient cet habit , & qui
ſçachant faire des libéralités à
propos , étoient bien reçûs &
bien accueillis par-tout.

La premiere maiſon où fu-
rent Mercure & la Fortune ,
étoit ſimple & modeſte , pau-

D

vre même , & fans aucun ornement étranger , fans aucune parure étudiée. Quelques arbres plantés dans la cour de cette maifon , conduifoient à une fale élevée de trois piés au-deffus du rez de chauffée , & qui n'avoit pour tous meubles que quelques chaifes d'une ancienne fculpture , & les buftes des hommes les plus vertueux qui avoient fleuri à Athenes. Cette fale tenoit à quatre petites chambres : & c'étoit-là tout le logement du fage Athenagore , qui ayant fervi longtems à la tête des armées, avoit été tout-à-coup dépouillé, par

une difgrace inefpérée & fâ-
cheufe, de fes emplois & de
fon patrimoine. Comme il n'a-
voit rien à fe reprocher, il avoit
pris le parti de la retraite, & il
regagnoit par la modération de
fes defirs, ce qu'il avoit perdu
en perdant les occafions utiles
& flatteufes de fe diftinguer.
Ses ennemis, qui ne fçavoient
que cabaler & agir par des
voies baffes & détournées,
triomphoient de fon obfcurité :
& lui, qui ne regardoit fes ennemis qu'avec dédain, leur op-
pofoit fa vertu & cette tranquillité d'ame que la vertu
feule peut infpirer. Quelle ven-

D ij

geance ! (1) Qu'elle est peu connue dans ce malheureux siecle-ci !

La Fortune souhaita extrèmement de connoître Athenagore. Un domestique la mena dans un bosquet où il lisoit, avec attention, quelques écrits Philosophiques, propres à fortifier l'ame & à l'affermir contre les malheurs inévitables de la vie. « Que je vous plains, » lui dit la Fortune : que votre » situation me touche & m'in- » téresse ! Que je suis fâchée de

____

(1) *Laudo manentem : Si celeres quatit*
Pennas, resigno quæ dedit, & meâ
Virtute me involvo. Horat.

» voir les honnêtes-gens tristes
» & malheureux ! Que je vous
» plains encore une fois ! » *Et
pourquoi cela*, répondit froide-
ment Athenagore ? *je ne mérite
point d'être plaint. Je suis con-
tent… J'ai servi ma Patrie avec
zele & avec courage. Je ne me
suis point épargné… Dès qu'elle
a jugé que mes services lui étoient
inutiles, j'ai commencé à vivre
pour moi-même, & à me fami-
liarifer avec la mort ; je vois
qu'elle s'approche à chaque inftant …. Tout ce que je defire aujourd'hui, c'eſt que ceux qu'on
m'a préférés, peut - être mal à
propos, foient auffi tendrement &*

auſſi fidellement attachés à la Patrie que je l'ai toûjours été . . . . :
Mais , après - tout , aimables
Etrangers , quel intérêt prenez-
vous à ce qui me regarde ? Il me
ſemble que vous vous affligez plus
de mes maux , que je ne m'en af-
flige moi-même ? « Quel intérêt,
» reprit Mercure, qui étoit pré-
» ſent à la converſation , quel
» intérêt, dites-vous ! C'eſt que
» la Fortune vient vous rendre
» viſite , & qu'elle peut vous
» dédommager amplement des
» torts qui vous ont été faits ,
» en confondant tous les ja-
» loux qui vous ont pourſuivi ,
» & en vous donnant plus de

» richeſſes qu'on ne vous en
» a ôtées. » *La Fortune*, repliqua Athenagore ſurpris ! *Eh
bien ! la Fortune, ſoit. Je ne lui
demande rien, ni à vous non plus...
Qu'elle me laiſſe ſeulement le peu
que j'ai ſauvé du naufrage :
qu'elle me laiſſe la douce tranquillité dont je joüis, ſans m'offrir des
menſonges brillans ! je ſerai plus
heureux que tous les Monopoleurs
qui gouvernent les revenus de la
République, & qui l'appauvriſ-
ſent, en s'enrichiſſant par des
exactions continuelles.*

Sur cela, la Fortune prit
congé du ſage Athenagore, &
voulut, en le quittant, lui met-

tre au doigt un diamant d'un prix très-confiderable. Athenagore retira fa main, & dit: O Fortune ! que prétendez-vous faire ? Un tel préfent m'eft tout-à-fait inutile. J'ai appris dans ma retraite à n'eftimer les chofes que fuivant leur valeur réelle, & non fuivant la valeur imaginaire que les hommes y ont attachée. Amufez-les, ô Fortune, avec des diamans, avec des pierres de diverfes couleurs, avec des colifichets garnis d'or & d'argent. Amufez-les, encore une fois. Ce font des enfans qu'il faut amufer fans ceffe, crainte qu'ils ne

viennent à se replier sur eux-
mêmes & à faire des réflexions.
Pour moi, je suis trop vieux
pour me livrer à de pareilles
frivolités. Le tems presse : ma
vie est aux trois quarts écou-
lée. Ce font bien des diamans
dont (1) j'ai besoin … Vertus
fieres, courage d'esprit inébran-
lable, je n'ai recours qu'à vous!
Venez, soûtenez ma lente vieillesse.

En sortant de la petite maison d'Athenagore, la Fortune
& Mercure entrerent dans une
longue avenue qui conduisoit

_____

(1) *Quid verum atque decens, curo &*
rogo, & omnis in hoc sum. Horat.

dans la superbe maison de Cleodyme. Tout ce que le luxe offre de plus recherché ; tout ce
que les arts ont de mieux tra-
vaillé ; tout ce que le génie peut
inventer, soit en ameublemens,
soit en dorures, soit en grotes-
ques & en bambochades, se
trouvoit réuni dans cette maison. Elle étoit d'ailleurs pleine d'esclaves & d'affranchis,
dont le nombre marquoit & les
richesses & le fol orgueil de
Cleodyme. Pour lui, enivré
de son opulence, & courbé,
si j'ose le dire, sous le poids
de son argent, il se regardoit
comme un des premiers Ci-

toyens d'Athenes : il affectoit
des airs importans, il s'habil-
loit de pourpre, il se vantoit
avec insolence, sans jamais se
rappeller l'obscurité de son (1)
origine, & les basses fonctions
auxquelles il avoit été employé
dans sa jeunesse. « Le bien, di-
» soit-il quelquefois, répare
» tout : il dédommage de tout.
» Un homme riche voit à ses
» piés & les gens de mérite,
» & les gens à talens. Il se les
» assujettit par ses libéralités.
» Sa table lui tient lieu & de
» talens & de mérite... Qu'im-

(1) *Licet superbus ambules pecuniâ,*
   Fortuna non mutat genus. Horat.

» porte que fes ancêtres ayent
» été flétris du fer chaud qui
» fert à marquer les efclaves ?
» Il eft devenu riche. Tout (1)
» eft effacé. »

Mercure aborda le premier Cleodyme. C'étoit un homme court & gros, avec un front large, de petits yeux & des joues pendantes. Il étoit affis nonchalamment fur un fauteuil, & écoutoit en même-tems un Poëte qui lui lifoit une Ode faite à fon honneur, & un Muficien qui fredonnoit quel-

______

(1) *O cives, cives, quærenda pecunia primùm :*
Virtus poft nummos. Horat.

ques airs qu'on devoit le foir chanter à table. *Seigneur Cleodyme*, lui dit Mercure, *vous voyez deux étrangers qui viennent vous faire leur cour. On parle de vous dans toutes les contrées de l'Afie. On y vante vos richeffes, votre bon goût, l'arrangement de votre maifon, la délicateffe de votre table. Tout le monde applaudit aux talens fupérieurs que vous avez acquis. Tout le monde regarde, avec furprife, cette efpece d'empire que vous exercez à Athenes parmi vos concitoyens.*

Cleodyme enflé des loüanges qu'il recevoit, & dont il

ne fentoit point la fine ironie,
fe leva de fon fauteuil, & ordonna à fes gens de faire voir,
ou plûtôt de faire admirer fa
maifon à Mercure & à la Fortune. Il les invita enfuite à dî-
ner avec lui, les prenant toûjours, & avec un air dédai-
gneux, pour des étrangers qui
voyageoient par plaifir. Sa table fut fervie magnifiquement:
il n'y manquoit qu'une meil-
leure compagnie. C'étoient,
d'un côté, des Parafites friands
de bonne chere; & de l'autre,
des Proxenetes, qui, à prix
d'argent, ménageoient au maître de la maifon, des plaifirs

faciles , & ignorés de ceux qui ont un cœur & des fentimens. Pour Cleodyme, il ne ceffa de parler , & il raconta, fans pudeur, toute l'hiftoire de fa vie. Ses difcours impolis & groffiers marquoient bien qu'il n'avoit eu aucune éducation. « Mes parens, ajoûtoit-il, n'a-
» voient pas les moyens de
» m'envoyer ni au Lycée ni à
» l'Académie. Mais ils m'ap-
» prirent ce que les Philofo-
» phes n'apprennent point; à
» être fouple & adroit, à plier
» fous la volonté (1) de ceux

____

(1) *Omnis Ariftippum decuit color &*
ftatus & res. Horat.

» qui pouvoient m'avancer
» dans le monde, à étudier
» leurs goûts, & à flatter tous
» leurs caprices ; à rechercher
» enfin les voies les plus abré-
» gées pour m'enrichir. J'ai
» réuſſi. La Fortune m'a fa-
» voriſé au-delà même de mes
» ſouhaits. Quelle bonne Déeſ-
» ſe ! En vérité, je lui ai bien
» des obligations. »

Cependant la Fortune rou-
giſſoit intérieurement de voir
le mauvais uſage qu'elle avoit
fait de ſes faveurs. *Eſt-il poſſi-*
ble, ſe diſoit-elle à elle-même,
que j'aye eu tant de complaiſance
pour Cleodyme, pour un homme
d'un

d'un caractere si bas & si arro-
gant tout ensemble ? Est-il possible que je l'aye préferé à Athenagore, à un mortel si vertueux,
si simple & si modeste ? Hélas !
Je vois tous mes torts. Je découvre à chaque pas que je me suis
méprise, que j'ai agi en aveugle....
Elle fit signe en même-tems à
Mercure qu'elle vouloit se retirer : & tous les deux disparu-
rent comme les brouillards de
la nuit disparoissent au lever de
l'Aurore.... Cleodyme resta
quelques momens interdit, &
ne sut que penser de cette espece d'éclypse. Mais comme
il ne pensoit pas long-tems, &

E

ne penſoit pas de ſuite, il retomba bien-tôt dans ſon aſſoupiſſement ordinaire.

Une nôce diſtinguée alloit ſe faire dans une maiſon peu éloignée de celle du riche Cleodyme. Mercure & la Fortune prirent ſur le champ la réſolution d'y aller. On les reçut avec cet air de politeſſe & d'*urbanité* qui étoit naturel aux Atheniens, ſur-tout à l'égard des étrangers. On les préſenta à la ſage Cleïs, dont la phyſionomie noble & touchante les frappa ſenſiblement, & les prévint en ſa faveur. Quoique ſes habits fuſſent magnifiques, elle fembloit encore leur donner plus d'éclat qu'elle n'en (1) recevoit. Ses cheveux parfemés de fleurs accompagnoient le vifage du monde le plus charmant. Mais au milieu de toute cette parure, les yeux de Cleïs annonçoient je ne fai quelle triftefse qui régnoit au fond de fon ame, & qui la rendoit peu attentive aux foins empreffés du jeune homme que fes parens lui deftinoient pour époux, malgré elle. Il eft vrai que ce jeune homme n'avoit rien que de plat & de commun. Il étoit

(1) *Virtute formæ id venit, te ut deceat, quidquid habeas.* Terent.

sans esprit, sans figure, sans
art de plaire. Il ennuyoit avant
que de parler, & ennuyoit encore davantage quand il par-
loit. Mais son pere possédoit
de grands domaines aux environs de Corinthe, & faisoit encore outre cela, un commerce
très-étendu dans l'Asie Mineu-
re. Cette raison seule avoit pré-
valu : & sans consulter le goût
de l'aimable Cleïs, on la sa-
crifioit lâchement à un auto-
mate ambulant.

La Fortune blessée de la vio-
lence qu'on faisoit aux sentimens de la jeune Cleïs, résolut de la venger de l'injustice

de fes parens, & elle chercha
les occafions de lui parler en
particulier. Mais il n'y eut pas
moyen de toute la foirée, d'entrer dans aucune converfation.
Les amis, les indifférens qui
veulent voir; les curieux qui
font un autre genre d'indifférens qui veulent nuire : tout
abondoit dans la maifon de
Cleïs. Elle étoit raffafiée de
complimens, qui, d'ordinaire,
raffafient fi vîte; & elle demanda enfin à fe retirer dans
fon appartement. Chacun prit
alors fon parti.

Le lendemain matin la Fortune alla fe promener dans un

bois tout joignant la maison,
où elle s'étoit arrêtée. Il y avoit
dans ce bois plusieurs réduits
solitaires séparés les uns des
autres, & où les Amans venoient soûpirer. En s'appro-
chant d'un de ces réduits, la
Fortune entendit quelques
voix plaintives, & elle apper-
çut Cleïs toute en pleurs. Un
jeune Athenien étoit à ses genoux d'un air attendri, & lui
baisoit les mains. « Vous me
» quittez, disoit cet Athenien,
» vous oubliez les sermens qui
» nous lient l'un à l'autre. Hé-
» las! vous me préferez un in-
» connu qui ignore le prix de

» vos charmes, qui ignore ce
» que vous valez. Adorable
» Cleïs ! hélas! vous me pré-
» férez un étranger si peu digne
» de vous posseder, vous, qui
» réunissez toutes les graces &
» toutes les vertus... Songez,
» Cleïs, que nous avons été
» élevés ensemble, & que les
» premiers mots que nous
» avons begayés, ont été : Je
» vous aime, je vous aimerai
» toûjours. Songez que votre
» mere & la mienne, toutes les
» deux si attentives à nous for-
» mer l'esprit & le cœur, nous
» avoient destinés & comme
» façonnés l'un pour l'autre...

» Esperance flateuse, qu'êtes-
» vous devenue ? Douces illu-
» fions, vous m'avez abufé
» trop long-tems...... J'en
» mourrai, Cleïs; heureux de
» mourir à vos pieds, plus heu-
» reux encore fi vous donnez
» quelques larmes à mon fort
» infortuné. » *Ah ! que dites-
vous, Cleon, repliqua-t'elle ;
que me dites-vous, mon cher
Cleon ? Quels reproches injuftes
vous me faites ! Quel tendre fou-
venir vous me rappellez ! Non,
je n'ai point ceffé un feul inftant
de vous aimer : non, je ne ceffe-
rai point un feul inftant de vous
aimer encore ..... Mais telle eft*

ma deſtinée, que mon pere, qui ne connoît d'autre avantage que celui d'être riche, m'attaque de tous côtés, & me force impérieuſement d'épouſer un Corinthien dont les richeſſes accumulées font le ſeul mérite. J'ai eu beau tomber à ſes genoux, & lui retracer nos engagemens mutuels, engagemens formés de ſon aveu, & commencés dès notre enfance. Je n'ai pû rien gagner, malheureuſe que je ſuis : non, je n'ai rien gagné ſur ſon eſprit.... Mais ne craignez rien, mon cher Cleon : ne craignez point que je manque à la foi que je vous ai jurée.... Mourir eſt ſi peu de choſe pour *une Athenienne, que je mourrai plutôt que de vous trahir. C'est ma derniere reſſource. Hélas! c'eſt la derniere marque d'amitié que je vous donnerai... Et quelle marque! Grands Dieux! devois-je m'y attendre?*

A ces mots Cleïs tomba évanoüie. La pâleur de la mort étoit peinte ſur ſon viſage. Cleon ne ſachant quel parti prendre, reſta quelque tems immobile. Puis tirant un poignard qu'il avoit caché ſous ſa robbe, *O vous*, dit-il, *O vous, qui êtes toute choſe, Nature ſage & bienfaiſante, recevez deux ames qui étoient faites l'une pour l'autre, & réunissez-les au principe dont vous les aviez séparées.* Il prit ensuite la main de Cleïs, & la baisant avec transport : *Vous mourez,* continua-t'il, *& moi je vais aussi mourir à vos pieds. Qu'un même tombeau renferme les corps de deux tendres amans, nés pour être heureux ; mais que le sort barbare a toûjours & injustement persécutés.*

En ce même moment parut la Fortune, avec tout l'éclat de la Divinité. D'un seul regard, elle rappella Cleïs à la vie, & fit tomber le poignard que tenoit à la main son Amant desesperé. *Arrêtez,* leur dit-

elle , & reconnoiſſez mon pouvoir ſouverain. Je ſuis la Fortune. Uu haſard heureux m'ayant
conduit vers le boſquet retiré
qui vous cachoit l'un & l'autre,
j'ai entendu vos plaintes mu-
tuelles , & je le les ai trouvées
légitimes. Je viens les finir :
oui , je viens vous procurer un
ſort heureux. Vous , Cleïs , recevez de ma main cet écrain ,
qui renferme des pierres pré-
cieuſes pour deux millions de
talens d'or ; & cet autre écrain
plus petit qui contient des pierres gravées d'un prix ineſtima-
ble. Elles ſont toutes montées
en bagues , & travaillées avec

un art infinie. Pour vous, généreux Cleon, vous êtes devenu l'homme le plus riche
d'Athenes. J'ai fait tranfporter
dans vos greniers les meilleurs
blés que produit la Sicile ; &
vos caves font pleines de tous
les vins exquis que les étrangers demandent à la Grece....
Puifqu'il ne falloit que vous
enrichir pour contribuer à votre union réciproque, je fuis
charmée d'y avoir fi favorablement contribué. Retournez,
Cleïs, dans la maifon de votre
pere. J'ai changé fon efprit &
fon cœur. Il mettra lui-même
votre main dans celle de Cleon,

Il vous unira pour toûjours....
Je n'exige qu'une feule chofe
de votre reconnoiffance : c'eft
que vous éleviez un Autel do-
meftique, & que vous le dé-
diyez *A la Fortune éclairée*....
Si, dans la fuite, vous avez
befoin de mon fecours, invo-
quez-moi fans crainte. Je ne
vous manquerai jamais. Comptez fur une protection rapide &
utile. Je vous la promets, &
vous tiendrai toûjours une main
bien-faifante.

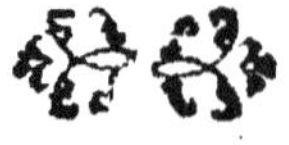

SUITE

DU CHAPITRE III.

MErcure, en sortant de la maison de Cleïs, & allant rejoindre la Fortune, ne manqua point de faire la reflexion suivante. Si l'or, si l'argent, si ces deux métaux tant enviés, tant souhaités, devoient être la récompense du bon esprit, de la vertu, de l'honneur, de la probité : pourquoi voit-on dans l'indigence & dans l'obscurité la plûpart des gens de mérite ? Pourquoi ces métaux sont-ils prodigués à ce qu'il y a de plus décrié & de plus abject dans la société ; à un Ecrivain connu par ses folies & ses disparates ; à un vil Adulateur des sottises des Grands ; à des Parasites ; à des Proxenetes ; à des Esclaves employés aux plus bas offices d'une maison ? Pourquoi sont-ils donnés en partage (1) au Sot, au Fou qui les dissipe, à l'Avare qui les enterre, à l'homme vain, méchant, à ceux qui levent les impôts publics, à ceux qui font des fournitures de

(1) Tout cet endroit est pris de la troi-siéme des *Ethic. Epistles* de Pope, traduites par M. de Silhoüette.

blés ;

blés ; que fai - je ? à tous les Génies malfaifans ? Il faut donc convenir de bonne foi, que les richeffes ne font point des graces que les Dieux accordent aux hommes. Ce font plutôt des marques de leur colere ou de leur mépris.

Cette réflexion occupa Mercure, qui n'avoit gueres le tems de s'occuper, jufqu'au moment où il retrouva la Fortune : & tous les deux s'étant enveloppés d'un nuage épais, ils s'en retournerent à Athenes. Le Confeil étoit déja affemblé ; & la Déeffe y ayant pris la premiere place, on agita deux

F

queſtions importantes. L'une
fut propoſée en ces termes par
un membre des plus accrédités
du Conſeil : *Dans un Etat bien*
réglé, doit-il y avoir des moyens
de s'enrichir, tels qu'un particu-
lier en s'enrichiſſant ſe porte au-
deſſus de ſes Concitoyens, & les
brave par un luxe immodéré &
mal-entendu ? Sur cela s'éleverent pluſieurs débats. Les jeunes gens diſoient que ſi ces
moyens étoient ôtés, l'émula-
tion & l'induſtrie ceſſeroient
entierement. Quel eſt le but
d'Agenor, ajoûtoient-ils, en
courant les mers & s'expoſant
à des périls ſans nombre, ſi ce

n'eſt de revenir dans ſa Patrie,
& d'y étaler des thréſors rapidement acquis? Quel a été le but
des Critons, en ſe chargeant
de l'approviſionnement de nos
magaſins en tems de guerre,
ſi ce n'eſt de bâtir de ſuperbes
Palais, & de voir aſſis à leurs
tables ce qu'il y a de plus diſtingué dans la Grece? Quel eſt
enfin le but de tous les Exac-
teurs des dettes de l'Etat, quel
eſt le but de tous les Receveurs
des deniers publics, ſi ce n'eſt
de s'enfler de leur opulence en
la portant au-delà des bornes
permiſes, & de mettre cette
opulence à la place du mérite

qui leur manque ? Mais ces excès, tout condamnables qu'ils font, servent à la circulation des especes , & donnent une sorte de vie & de mouvement à la République, qui seroit sans cela languissante & comme morte.

Les vieillards, au contraire, soûtenoient, que plus il y a dans un Etat de moyens prompts & faciles de s'enrichir, moins on y respectoit l'honneur & la probité, plus l'exemple de ceux qui s'enrichissent & se plongent dans le luxe, étoit contagieux. La vie de nos premiers Citoyens , continuoient - ils,

n'avoit rien que de simple &
de modeste : mais elle étoit en
même-tems noble & soûtenue
d'un bout à l'autre. Ils se pro-
curoient tout le nécessaire que
demandent les besoins de l'humanité, & recherchoient ensuite l'agréable, qui s'accorde avec les bienséances. Aujourd'hui, ni le nécessaire, ni
même l'agréable ne suffisent
point. On donne dans le super-
flu, dans le brillant, &, par
contre-coup, dans le ridicule.

Les Arts dépérissent, parce
que le goût lui-même est éteint.
S'il reste encore quelques Con-
noisseurs, on ne les écoute

point, on les regarde comme des hors-d'œuvre dans la société. O luxe, malheureux luxe, tu vas enfin tout perdre, tu vas tout renverſer! Mais quelle en eſt la cauſe? C'eſt l'envie redoublée qu'on a de s'enrichir; c'eſt la facilité qu'on trouve à ſatisfaire cette envie.... Nous le voyons avec douleur : & ces deux peſtes de la République acquierent tous les jours une ſi grande force, que bientôt on ne pourra plus y apporter aucun remede.

La Fortune ayant peſé les raiſons des jeunes gens & des vieillards, convint que dans

un Etat bien réglé il doit y avoir
plufieurs moyens de s'enrichir;
mais que ces moyens doivent
être proportionnés & au tems
qu'on emploie, & aux foins
qu'on fe donne pour y réüffir :
enforte qu'on ne puiffe reprocher à un particulier d'être devenu trop vîte & trop aifé-
ment (1) riche. Je fai, ajoûta
la Fortune, qu'une partie de ce
reproche tombe fur moi-même.
Mais tant de gens briguent mes
faveurs, que je fuis comme
obligée de les répandre au ha-

(1) *Quales ex humili magna ad faftigia*
rerum
Extollit, quoties voluit Fortuna jo-
cari. Juven.

F iiij

fard, & fur le premier venu...
Pourquoi auſſi les hommes vertueux ne me recherchent-ils
point, pourquoi ne s'agenouil-
lent-ils point devant moi ? Je
me ferois un véritable plaiſir de
les récompenſer.

Il y a, répartit un des Vieillards qui compoſoient le Conſeil, je ne ſai quelle fierté attachée à la vertu, qui l'empêche
de rien demander avec baſſeſſe,
ni de rien ſolliciter avec éclat.
Contente de ſa médiocrité,
contente de faire ſon devoir,
elle attend, ſans impatience,
qu'on lui rende juſtice, & ne
cherche point à ſe la faire ren-

dre impérieusement.... Vous ne voyez aussi, ô Fortune, que peu de gens vertueux, peu de gens d'une certaine trempe d'esprit, peu de gens d'une certaine fermeté de mœurs, qui grossissent votre Cour. Ce n'est pas qu'ils dédaignent vos faveurs : mais comme ils en savent joüir (1) avec modération, ils savent aussi s'en passer sans murmure. Leur devoir leur est plus cher, que toutes les richesses qu'ils pourroient

(1) *Æquam memento rebus in arduis*
    Servare mentem : non secus in bonis
      Ab insolenti temperatam
      Lætitiâ, moriture Delli. Horat.

acquérir…. Athenes a vû le brave & généreux Phocion qui avoit commandé des armées nombreuses, obligé dans sa vieillesse d'aller vivre à la campagne, où il mourut presque de faim sous ses propre lauriers. Athenes a encore vû Aristide, cet homme juste par excellence, banni hors de ses murs, parce qu'il avoit constamment suivi son devoir, & ne s'étoit jamais prêté ni aux caprices du peuple, ni aux séductions des premiers Magistrats. C'est ainsi que la vertu est ordinairement traitée : Ce sont-là les revers humilians, les tristes cataftrophes qu'elle éprouve.

L'autre queſtion fut conçûe en ces termes : *Dans un Etat bien réglé, doit-il y avoir des profeſſions purement lucratives ; &, ſuppoſé qu'il y en ait de telles, ces profeſſions doivent-elles jamais être honorées ?* Non, ſans doute, repartit Mercure, qui n'avoit point encore parlé. Il ne faut point que la tache imprimée à celui qui leve les impôts publics, puiſſe être effacée par des diſtinctions honorables, & qui ne lui ſont pas dûes. Que les richeſſes procurent l'aiſance & les commodités de la vie, qu'elles en procurent même l'agréable & le ſuperflu : cela eſt naturel. C'eſt-là le lot des (1) richeſſes. Mais elles ne doivent point conduire aux honneurs, ni donner de la conſidération : elles ne doivent point ſervir à acheter des Dignités. Et à quelle autre récompenſe peut prétendre un Magiſtrat, qui veille ſans ceſſe au maintien & à la conſervation des Lois ? A quelle autre récompenſe peut prétendre, un Guerrier, qui brave toutes ſortes de périls, & qui, ſouvent réduit à la moitié de lui-même, ne vit que de la réputation qu'il s'eſt acquiſe?

______

(1) *V. l'Eſprit des Lois, Liv. 13.*

Les réflexions de Mercure frapperent tout le Conseil assemblé, qui n'eut rien à y opposer. Un des Vieillards même montra au doigt plusieurs de ceux qui occupoient les premieres places dans ce Conseil, & qui n'avoient eu d'autre mérite pour les occuper, que les richesses de leurs Ancêtres : *richesses*, ajoûta le Vieillard, *qui avoient deshonoré ces Ancêtres trop occupés d'un gain illégitime, & qui donnoient aujourd'hui du lustre à leurs Descendans.* Mais ce qu'il y eut de plus fâcheux, c'est que tout le monde tomba d'accord que la

République étoit infiniment à plaindre, & de ce que la corruption étoit si générale, & de ce qu'elle étoit presque sans remede.

La Fortune témoigna quelque surprise à ces mots, comme (1) si elle eût été frappée de voir à quel point ses caprices influoient sur le sort des hommes. Insensés que vous êtes, dit-elle ensuite tout bas, est-il possible que vous ne puissiez tirer de votre propre fonds, que vous ne puissiez trouver dans votre maniere de penser, dans

____

[1) *Fortuna omnipotens, quales ex humanis rebus tibi ipsi ludos facis !* Seneca.

la fermeté de votre conduite,
dans la modération de vos dé-
firs, dequoi vous rendre heureux? Faut-il que vous vous
adreffiez fans ceffe à moi, &
que vous renonciez à tous les
avantages que pourroient vous
procurer le mérite & la vertu?
En vérité, je ne vous connoif-
fois pas comme je vous connois aujourd'hui.

Chapitre IV.

Recit d'une converſation qu'eut la Fortune avec un Philoſophe Platonicien, & de deux viſites qu'elle rendit à des Miniſtres diſgraciés de la Cour du Roi d'Epire.

Quoique les études de Philoſophie euſſent ſouffert quelque déchet & quelque affoiblisſement à Athenes, il ne laiſſoit pas d'y avoir toûjours en cette Ville un grand nombre de Philoſophes, non moins illuſtres par l'étendue de leurs connoiſſances, que par l'exactitude de

leurs

leurs mœurs. On penſoit alors, (& il eſt honteux qu'on ait ceſſé de le penſer) que la Philoſophie n'eſt point une ſcience de pure ſpéculation, & qu'elle doit autant ſervir à éclairer l'eſprit qu'à former le cœur, autant apprendre à bien juger de tout qu'à bien vivre avec tout le monde.

Parmi ces Philoſophes qui fleuriſſoient à Athenes, un, entr'autres, ſe diſtinguoit par-deſſus tous ſes Contemporains. On le nommoit Iphicrate. Né avec de l'eſprit, du goût, des mœurs & même des agrémens, il avoit voyagé dans ſa jeuneſſe, non pour connoître des hom-

mes différens les uns des autres,
mais pour approfondir le caractere essentiel & intime de
l'homme. Curieux encore de
voir les superbes Cours des
Rois d'Asie, il y avoit acquis
le double avantage, & de haïr
la basse servitude, & d'aimer
de plus en plus la noble liberté
qui régnoit dans la Grece. De
retour à Athènes, Iphicrate se
fit un plan de conduite qu'il
suivit constamment. Sa maison
étoit simple, & sans ornemens
superflus. Il en écartoit la foule
qui importune, & n'y recevoit
qu'une compagnie de choix
qui plaît toûjours. Ses amis

étoient en petit nombre, mais d'un commerce sûr (1) & aisé. Il ne craignoit point de s'ouvrir à eux : & par un juste retour, eux aussi prudens ne craignoient point de parler & de s'ouvrir à lui. Après quelques petits soupés de convenance, leurs entretiens rouloient, non sur les bagatelles & les historietes du tems ; non sur les nouvelles parures introduites par un luxe qui a franchi toutes les bornes ; mais sur ce qui inté-

(1)　　*Ne fidos inter amicos*
　　Sit, qui dicta foras eliminet ; ut coeat
　　　　　par
　　Jungaturque pari. Horat.

G ij

resse l'homme davantage, & le peut rendre (1) heureux; je veux dire, sur l'amour de la vérité & de la justice. Que ces soupés, Grands Dieux ! devoient être charmans ! & quoique prolongés dans la nuit, qu'ils devoient paroître courts ?

Iphicrate d'ailleurs, observoit toutes les bienséances, soit en respectant les Magistrats qui méritent toûjours d'être à l'extérieur respectés, soit en ménageant le peuple sujet à s'entêter des plus folles imaginations. Sa maxime étoit que, quand on est attaché à une so-

______

(1) *O noctes cœnæque Deûm !* Horat.

ciété, & qu'on joüit des avantages qu'elle procure, on doit rigoureufement en fupporter les charges, & fur tout ne point choquer les lois & les regles de police communément reçûes.

Un homme auffi fingulier qu'Iphicrate, ne pouvoit échapper aux recherches curieufes de la Fortune. Elle alla le voir, fous la figure empruntée d'un jeune Athenien qui cherchoit à s'inftruire. Iphicrate étoit alors occupé à lire & à commenter les Ouvrages du divin Platon. Il remontoit avec lui vers la caufe premiere, cette caufe univerfelle & indépendante, dont toutes les autres dérivent : il examinoit comment l'Etre suprème a imprimé une force intrinseque, un principe de vie, à la matiere, & comment les lui ayant imprimés par sa puissance infinie, il l'a rendu propre par sa sagesse également infinie, à exécuter les effets les plus admirables.

La Fortune aborda Iphicrate au milieu de ses méditations, & le pria, poliment, de lui indiquer les routes les plus sûres qui conduisent au Palais de la Sagesse : *à ce Palais,* continua-t'il, *bâti sur un roc élevé, & d'où* l'on apperçoit les hommes (1) comme autant d'insectes qui courent les uns après les autres, qui s'intriguent pour des riens, qui s'entrechoquent pour des bagatelles, qui vivent par une espece d'instinct, & cessent de vivre sans avoir presque connu le prix de la vie. Iphicrate trompé par les apparences, s'écria : « Jeune » homme, que vous m'éton- » nez ! Eh quoi ! vous êtes A- » thenien, & vous voulez être » sage. En vérité, je ne reviens

____

(1) *Despicere unde queas alios, passimque videre*
Errare, atque viam palantes quærere vitæ, &c. Lucret.

G iiij

» point de ma furprife ... Mais
» encore quel eft le but que
» vous vous propofez ? Quel
» profit prétendez-vous retirer
» de l'étude de la fageffe ? » *Le*
but que je me propofe, reprit la
Fortune, *eft de devenir heureux.*
Et comment peut-on le devenir,
fi l'on n'eft fage, ou du moins
Philofophe ? C'eft donc au bonheur
que j'afpire, à cette fatisfaction
intérieure qui fe renouvelle cha-
que jour, à cette gaieté de l'ame
qui fe répand jufques fur fes moin-
dres paroles & fes moindres ac-
tions. « On ne peut mieux s'ex-
» primer que vous faites, ré-
» pondit Iphicrate en foûriant.

» Mais vous ignorez, jeune
» homme, ce qu'il en coûte
» pour parvenir à cette gaieté
» de l'ame, à cette satisfaction
» intérieure, dont vous parlez.
» Il faut d'abord nétoyer son
» esprit de toutes les erreurs,
» de tous les préjugés, de tous
» les travers qu'inspire une mau-
» vaise éducation, telle qu'on
» la donne en ce Pays-ci. Il faut
» ensuite se rendre maître des
» mouvemens de son cœur, &
» savoir appaiser les tempêtes
» qui s'y élevent. La vie est une
» mer orageuse (1) & pleine

____

(1). *Vita mare est, res plena metus, res
plena pericli.*

» d'écueils. Qu'il est difficile
» de n'y point faire naufrage !
» Il faut enfin se contenter de
» la situation où l'on se trouve,
» soit qu'on l'ait choisie par
» goût, soit qu'on y soit enga-
» gé par des rencontres impré-
» vûes : & alors, il faut joüir
» des caresses de la Fortune,
» si elle est favorable, ou se
» roidir contre ses injustices, si
» elle est de mauvaise humeur.
» Mais jamais un Philosophe ne
» doit s'impatienter dans les
» maux qu'il souffre, ni se plain-
» dre des disgraces qu'il essuie,
» ni se prosterner aux piés des
» hommes vains & orgueilleux
» qu'il méprise. »

La Fortune se leva brusque-
ment à ces mots, & se fit connoître pour ce qu'elle étoit.
*Vous voyez, Iphicrate, lui dit-
elle ensuite, ce que je fais pour
vous. Moi, que tout le monde recherche avec tant d'empressement;
moi, que tout le monde invoque
avec tant de soûmission, je viens,
en quelque maniere, m'humilier
devant vous. De grace, réconci-
liez-moi avec le mérite & la vertu. Demandez-moi tout ce qui
pourra vous faire plaisir, & je
vous promets que vous l'obtiendrez
sur le champ.* « Oh ! pour cela,
» répondit le Philosophe , je
» ne vous demanderai rien,

» parce que je n'ai befoin de
» rien; & comme il y auroit
» peut-être trop de vanité dans
» cet aveu, parce que je n'ai
» befoin que de très-peu de
» chofe. Je me paffe facile-
» ment de tout ce qui me man-
» que … Mais ô Fortune, con-
» tinua Iphicrate, puifque vous
» êtes aujourd'hui fi généreufe
« & fi bienfaifante, fongez com-
» bien il y a dans la Grece d'il-
» luftres malheureux, dont les
» uns ont trop de vertu pour
» mandier d'indignes protec-
» tions, & les autres manquent
» d'encouragemens pour pro-
» duire au-dehors leur génie &

» leurs talens. C'eſt ſur eux que
» vous devez répandre vos fa-
» veurs. Ce ſont des hommes
» de cette trempe que vous
» devez prévenir & traiter no-
» blement... Pour moi, vic-
» time des ſots, des méchans
» & des ſuperſtitieux, pourſuivi
» long-tems par ceux-mêmes
» qui auroient dû m'étayer &
» me ſoûtenir, j'ai pris enfin le
» parti de la retraite : & dût-on
» m'offrir (1) les établiſſemens
» les plus brillans, je n'en ſor-
» tirai point. »

Iphicrate donna en même

____

(1) *Jam tetigi portum : ſpes & Fortuna
valete.*

tems à la Fortune, qui en parut
charmée, les noms de plusieurs
de ces illustres malheureux dont
il lui avoit parlé. Il n'oublia ni
les gens de lettres qui joignent
l'érudition à un jugement soli-
de, & le jugement à la pratique
de la vertu, ni les Artistes célé-
bres qui vont puiser le simple,
l'exact, le beau, dans les four-
ces mêmes où la Nature les a
distribués, ni ceux, en un mot,
qui ont des industries particulieres & des secrets dignes d'ê-
tre communiqués au public.
Cette attention d'Iphicrate,
qui marquoit une si belle ame,
frappa toute la Ville d'Athenes,

dès qu'elle y fut connue , & la frappa d'autant plus vivement qu'on n'y voyoit que des Citoyens jaloux de la réputation d'autrui & prêts à s'entredéchirer les uns les autres. La gloire est le patrimoine de tous les hommes de mérite, patrimoine aussi étendu qu'il est inépuisable. Le droit qu'y ont les autres, ne diminue en rien le droit qu'on y a soi-même. Et après tout, qui peut se flatter d'y avoir un véritable droit ?

Le premier appanage de la sagesse est de connoître le prix du tems, qui s'envole avec tant de rapidité: le second est de

favoir l'employer utilement,
Iphicrate & la Fortune se quitterent, sans se faire aucun com-
pliment. L'un rentra dans son
cabinet pour reprendre la lecture de Platon, qu'il avoit in-
terrompue à regret, & l'autre
se rendit au Temple de Mercure qui l'attendoit avec impatience. La Fortune lui raconta, en termes expressifs, ce
qu'elle venoit de voir chez Iphicrate ; & Mercure lui remit
deux Placets qu'il avoit reçûs
pour elle en son absence. Le
stile de ces Placets étoit singulier. Les voici de mot à mot.

PREMIER

PREMIER PLACET.

LA jeune Iphife prie très-humblement la Fortune de la tirer du triste esclavage où elle est réduite parmi les Prêtresses de Junon. Elle y périt d'ennui : elle y éprouve une secheresse d'ame plus affreuse que la mort même : elle est d'ailleurs expo-sée aux discours trompeurs & insinuans de ces Etrangers qui ne viennent à Athenes que pour se faire admirer & pour séduire les jeunes personnes, qui, sans le mériter, languissent dans un état obscur.

Un léger revenu suffiroit

H

pour brifer les fers qui retiennent la malheureufe Iphife, & pour lui rendre la liberté. O douce, ô charmante liberté, quel malheur de t'avoir perdue! Mais fi la Fortune le vouloit ainfi, tout feroit bien-tôt réparé, tous mes malheurs finiroient! Hélas! que de piéges on tend à la vertu & à l'innocence, qu'il leur en coûte pour s'en garantir!

SECOND PLACET.

J'AI des Parens, ô Fortune, qui ne connoiffent d'autre mérite que celui de poffeder de fuperbes richeffes. Ils veulent, suivant l'usage des Parens, me livrer entre les bras d'un vieillard imbécile, & qui, dans une grande opulence, ignore (1) même qu'il est opulent, & vit de la maniere la plus abjecte & la plus sordide. Ils veulent encore, pour surcroît de disgrace, me faire oublier un Amant tendre, soûmis, respectueux, qu'ils avoient eux-mêmes choisi, & qu'ils m'avoient donné par goût. O Fortune, rendez-moi ce que j'aime, & ayez égard aux préju-

(1). *Dum licet, in rebus jucundis vive beatus:*

Vive memor quam sis ævi brevis. Horat.

H ij

gés de mes aveugles parens.
Mais riche ou non, rendez-
moi cet Amant chéri. O Fortune, j'aime mieux vivre avec
lui dans une condition obscure,
que de trahir les sentimens de
mon ame attendrie. Le bonheur ne consiste point dans ce
que les autres appellent bonheur, mais dans ce que soi-
même on regarde comme tel.

Ces deux Requêtes furent
agréablement reçûes par la
Fortune, qui chargea Mercure
de dire à celles qui les lui a-
voient remises, qu'elles auroient toutes fortes de conten-
temens. L'une, en effet, fortit

de la retraite où elle menoit une vie languiffante ; & l'autre époufa l'Athenien qu'elle aimoit fi généreufement, & qui devint dans la fuite, un des plus grands-hommes de la République. Qu'il eft (1) flateur de vivre avec une Femme vertueufe, & qui s'eft fervie de toute fa vertu pour procurer notre avancement !

Mercure ayant exécuté les ordres de la Fortune, lui propofa d'aller voir deux Seigneurs fameux que le Roi d'Epire avoit bannis de fa Cour, & qui

(1) *Dum morata veniat uxor, dotata eft fatis.* Plaut.

H iij

s'étoient refugiés aux environs d'Athenes. Je connois particulierement ces deux Miniſtres, dit Mercure. Le premier eſt déja avancé en âge, mais ayant toûjours mené une vie ſobre & réglée, loin des plaiſirs enchanteurs qui affoibliſſent les plus forts tempéramens, il joüit encore d'une ſanté parfaite. L'étude dès ſa jeuneſſe avoit fait ſon unique occupation. Il s'appliqua d'abord à la lecture de l'Hiſtoire, qui, comme tout le monde ſait, eſt l'œil de ſa ſociété, la vie de la mémoire, & le flambeau de la vérité. Une application conſtante & ſuivie

lui procura de profondes connoiſſances, tant ſur la politique, que ſur le gouvernement
des Etats & le bonheur des
peuples. Mais, par je ne ſçai
quel caprice, il quitta une étude ſi noble & ſi intéreſſante,
pour ſe livrer à l'étude de la
Phyſique générale, & pour tra-
vailler à différens ſyſtèmes ſur
la formation les corps céleſtes,
& ſur leurs mouvemens. On
eut beau lui repréſenter que
les objets qu'il vouloit examiner ſont trop grands, trop é-
loignés, trop peu connus, pour
les pouvoir ſoûmettre à aucun
calcul : flatté de ſon entrepri-

fe, il la pourſuivit hardiment, & devint bien-tôt la fable de la Cour. Auſſi prit-il ſagement le parti de l'abandonner, & de ſe taire.

Le ſecond, ajoûta Mercure, n'a rien de commun avec le premier. Plein d'ardeur & de feu, ennemi de toute appli-cation, il a ſucceſſivement paſſé par beaucoup d'emplois, ſans pouvoir ſe fixer à aucun. Sa légereté naturelle l'avoit engagé dans pluſieurs voyages, dont il n'a tiré d'autre profit que d'aimer tour à tour les beaux arts : & peut-être, s'il avoit eu'la patience & le loiſir de les cultiver, y seroit-il devenu un excellent connoisseur. Quoique furieux pour le plaisir, il s'en rassasioit presque aussi promptement qu'il le recherchoit. Ni la beauté, ni les graces, ni l'esprit, ne pouvoient le retenir. Le nouveau seul avoit droit de le toucher. Avec de pareilles qualités, il vit bien-tôt tout son patrimoine s'évanoüir: & n'ayant plus ni crédit, ni ressources, ni même le courage de mourir, on le força de se retirer.

Dès que Mercure eut achevé les portraits des deux Seigneurs disgraciés, la Fortune

lui dit : « En vérité, vous êtes
» un excellent peintre. Vous
» ne vous arrêtez point aux
» traits du visage : vous pei-
» gnez les ames, Mercure,
» telles qu'elles sont. Il me
» semble voir d'ici les deux
» hommes dont vous m'avez
» entretenue. Mais allons chez
» eux familierement, & enve-
» loppons - nous d'un nuage
» épais qui empêche que nous
» ne soyons reconnus. Ce sera
» pour moi une partie de plai-
» sir. »

Le premier se promenoit
dans son jardin avec un Séna-
teur en qui il avoit mis toute

fa confiance, & il lui difoit :
» N'en doutez point, le plus
» grand crime que puiffe com-
» mettre un Miniftre, eft de
» donner à fon Maître des con-
» feils précipités, des confeils
» qui ne s'accordent point avec
» les grands principes du gou-
» vernement. Un de ces prin-
» cipes eft de conferver la bon-
» ne harmonie entre le Prince
» qui commande, & les Sujets
» qui obéiffent ; & de faire en-
» forte que les Sujets foient
» auffi perfuadés de la juftice
» & de la néceffité de ce qu'on
» leur commande, que le Prin-
» ce doit être perfuadé du zele

» & de la promptitude avec
» lefquelles on lui obéit. Si ce
» lien qui unit le Prince à fes
» Sujets, vient à manquer,
» le commandement dégénere
» en hauteur, en tyrannie; &
» l'obéiffance fe tourne en baffe
» fervitude, en foûmiffion for-
» cée. » Le fecond ne regret-
toit de la Cour que les plaifirs
& les divertiffemens, auxquels
il avoit comme préfidé, & qu'il
ne retrouvoit plus dans fa retraite. *Jours heureux,* difoit-il
à un ami qui tâchoit de le con-
foler, *jours heureux, qu'êtes-vous
devenus! je fçai qu'il y a une certaine fermeté d'ame qui met au-*

deſſus des revers , qui ſoûtient contre les diſgraces. Mais cette fermeté n'eſt point donnée à tout le monde.…. En prononçant ces mots, il ſe mit à déclamer contre la Fortune, qu'il ne voyoit point, & qui l'avoit, s'écrioit-il, trompé. Oui, *elle m'a trompé. C'eſt une volage, une perfide, à laquelle on ne peut point ſe fier. Qui jamais a eu devant les yeux un avenir plus flateur que moi? J'agiſſois impérieuſement … & cependant me voilà déchû de tout mon crédit , de toutes mes eſpérances.*

La Fortune ſe moqua de ces plaintes frivoles , & fit ſigne à

Mercure qu'il étoit tems de se
retirer. J'en ai plus entendu,
lui dit-elle en chemin, que je
n'en voulois entendre. Celui
qui se plaint de moi, a grand
tort. Je l'avois trop favorisé.
Pour l'autre, si c'est moi qui
ai contribué à sa ruine, à son
déplacement, je m'en ferai de
continuels reproches.

CHAPITRE V.

De quelques détails de la vie commune & privée d'Athenes. Histoire de Periclès & d'Alcibiade.

DANS une grande République, où il y a des caracteres & des intérêts si différens les uns des autres, où les mœurs, les coûtumes, les bienséances sont nuancées & variées à l'infini ; où les plaisirs succedent rapidement aux affaires, & les font même quelquefois oublier : dans une pareille République, dis-je, chaque famille com-

poſe une République particu-
liere ; & ce ſont toutes ces familles réünies qui donnent le
ton & la forme au gouvernement. Plus elles conſpirent à
le faire fleurir, & plus il fleu-
rit en effet : plus il s'accrédite
& devient puiſſant. Tel étoit
l'état de la République d'Athenes, dont la gloire augmentoit
ou diminuoit, à meſure que
les familles, les Républiques
particulieres y prenoient un
plus grand ou un plus petit intérêt : ce qui y avoit cauſé pluſieurs révolutions conſidérables ; je ne ſçai même quel
changement dans les eſprits.

Inſtruite

Inſtruite de tous ces détails, la Fortune voulut pénétrer dans l'intérieur de la Ville d'A-thenes , & démêler les principales familles qui y étoient comme entrelacées les unes aux autres. Mercure approuva ſon deſſein , & la conduiſit d'a-bord dans une maiſon où l'on ne voyoit que des hommes oc-cupés à remuer de l'or & de l'argent , où l'uſure étoit comme ſur ſon throne , où tous les viſages offroient je ne ſai quoi de dur & de rebutant , où enfin perſonne ne paroiſſoit con-tent , parce que perſonne ne ſavoit ſe contenter de ce qu'il

I

poſſédoit (1). A peine le Maître de cette maiſon apperçut-il la Fortune, qu'il vint humblement ſe jetter à ſes piés. O Déeſſe, s'écria-t-il avec tranſport, vous êtes ici dans votre Temple, & parmi vos plus fideles adorateurs. Tout ici reconnoît votre ſuprème autorité : tout obéit à vos lois. Continuez, ô Fortune, continuez à nous favoriſer : nous n'épargnerons rien, pour mériter des faveurs nouvelles. Vous ſeule pouvez rendre les hommes opulens : vous ſeule les rendez heureux.

(1) *Nec quod habes numerat, tantum quod non habet optat.* Manil.

Elle fut en même-tems introduite dans une chambre où étoit un Autel portatif, & sur cet Autel une Figure panthée ou Polythée qui renfermoit tous les attributs de la Divinité. La Fortune reconnut cette Figure au premier abord : c'étoit elle même. Il y avoit au bas une inscription, qui ne contenoit que ces mots : *A la Souveraine de l'Univers.* La Fortune s'arrêta, en disant au Maître de la maison : Et comment l'entendez-vous ? Expliquez-moi votre penfée.

La Divinité, répondit-il aussi-tôt, a quelque chose de

ſi grand, de ſi relevé, de ſi inacceſſible à nos foibles lumieres, que nous ne pouvons ni ne pourrons jamais y atteindre. Tous nos efforts ſe réduiſent donc à la ramener à deux points fixes & inconteſtables : en premier lieu, à cet ordre certain qui fait que toutes les choſes de la vie ſe ſuccedent les unes aux autres (1), & ne peuvent ſe ſuccéder autrement qu'elles font ; de maniere que les cauſes ſont proportionnées à tous les effets qu'elles produiſent ; ce que j'appelle Deſtin : en ſe-

(1) *Fata regunt orbem, certâ ſtant omnia lege.* Manil.

cond lieu, à ce mêlange de
biens & de maux ; à cette iné-
galité dans les vies particulieres des hommes ; à ce flux continuel d'actions & de réactions,
d'où dépendent tout le jeu, &,
pour ainſi dire, tout le mécha-
niſme phyſique & moral du
monde actuel : ce qui eſt l'ouvrage de la Fortune. Elle con-
court, avec le Deſtin, tant pour
l'ordre général & la liaiſon intime qu'ont entr'elles toutes
les parties de l'univers, que
pour la diſtribution des biens
& des maux, des avantages &
des deſavantages auxquels les
uns ont plus de part que les

autres. Cette vûe générale me conduit à adorer incessamment la Fortune, qui a tellement combiné les évenemens de ma vie, qu'ils m'ont tous été favorables.

Cette conversation finit par le trait suivant. On n'est pas heureux, dit Mercure qui s'impatientoit, parce qu'on acquiert de grandes richesses & qu'on les renferme dans un coffre fort; mais parce qu'on en fait joüir à propos, tant pour se procurer les commodités de la vie, que pour soulager des amis qui se trouvent dans la disette, & encourager d'illus-

tres malheureux (1) dont les talens sont négligés… Profitez,
Vieillard, profitez de cet avis.

Mercure mêna ensuite la
Fortune chez un autre Vieillard, à qui les Livres obscurs
& mystérieux d'Hermés avoient
tourné la tête. Il ne vivoit depuis quarante ans que de légu-
mes & de racines : il n'habitoit
qu'une cave soûterraine, loin
de toute société : il ne voyoit
qu'à la lueur du feu de ses fourneaux. Son visage pâle, ses
yeux distraits annonçoient l'inquiétude de son ame. Il n'étoit

____

(1) *Ut sæpe summa ingenia in occulto la-*
tent. Plaut.

occupé que de la matiere premiere, de l'esprit univerfel, du
Mercure philofophique, des
Colombes de Diane, du Dra-
gon qui veille à la garde du
Jardin des Hefpérides, des
dégradations de couleurs qui
marquent le progrès de l'œuvre Hermetique, du noir plus
noir que noir. On l'abordoit
fouvent fans qu'il prît garde à
ceux qui l'abordoient; ou s'il
y prenoit garde, c'étoit pour
leur tenir des difcours vagues,
entortillés & trompeurs.

Cependant il fut étonné, en
voyant venir chez lui deux Fi-
gures comme Mercure & la

Fortune. Il les prit d'abord pour des Sages qui venoient le confulter, & faire avec lui échange de fecrets & de procédés. Mais fon étonnement augmenta, quand Mercure lui dit: *Je vous amene la Fortune. Elle va vous enrichir dans un moment. Il y a quarante ans que vous travaillez en vain, & que vous vous exercez, tantôt fur une matiere, tantôt fur une autre. Dequoi vous ont fervi tous vos effais & toutes vos tentatives? Adorez la Fortune. C'eft la vraie pierre Philofophale.* Le Vieillard fe fâcha de ce difcours, & répondit à Mercure:

» Moi, adorer la Fortune, moi
» qui touche au précieux mo-
» ment d'être le plus opulent
» & le plus diſtingué de tous
» les hommes. Non, non,
» Mercure, n'éxigez point cela
» de moi. Il y a trop long tems
» que mes fourneaux ſont al-
» lumés. La matiere qui eſt
» parvenue à la couleur de
» pourpre, a paſſé par toutes
» les épreuves que l'art preſ-
» crit : il ne lui manque plus
» qu'un dernier dégré de cuiſ-
» ſon… Et me voilà heureu-
» ſement à la fin de mon tra-
» vail…. Bien-tôt je n'aurai
» plus rien à ſouhaiter. »

On se trompe souvent, répliqua la Fortune d'un air piqué : on croit atteindre au but, lorsqu'on en est encore fort éloigné. Mais laissons cet imbécille Vieillard joüir de sa chimere. Elle le satisfait : cela seul suffit. Puis se tournant vers Mercure, elle lui dit : Combien d'autres hommes passent leur vie dans des illusions semblables. Ils se croyent heureux, & le sont à leur maniere. Vous savez que les Dieux ne peuvent contenter tout le monde. Ils donnent aux uns des biens réels, l'esprit, la beauté, un génie propre aux grandes affaires, des talens aimables dans les sociétés, d'autres talens plus aimables encore, & qui ont pour objet les beaux Arts. Ils donnent aux autres, en dédommagement des biens réels, le goût des chimeres, des sciences vaines, occultes, mystérieuses ; des recherches qui n'ont point de fin. Et chacun, sans examiner ce qui lui manque, se croit également bien traité. Cela fait que le monde va comme il peut, & ne va jamais comme il doit aller.

En quittant les deux Vieillards, Mercure engagea la Fortune d'entrer dans une maison

où régnoient toutes les apparences de la vertu, plutôt que
la vertu même. Cette maiſon
avoit peu d'éclat au dehors, &
n'étoit habitée au-dedans que
par des Femmes & des Filles
conſacrées au culte du Feu,
qui eſt le fils de la Nature, &
une eſpece d'agent univerſel.
Peu d'hommes fréquentoient
dans cette maiſon: & ceux qui
en avoient la libre entrée, é-
toient des eſpeces de Philoſophes qui adoroient l'Etre ſuprème en préſence du Soleil,
& le Soleil en préſence du Feu,
ſuivant la Religion de Zoroaſ-
tre. La vie de ces Femmes &

de ces Filles n'avoit rien que de triste & de gênant, parce que leurs occupations étoient toûjours les mêmes, & que les jours se ressembloient les uns aux autres. Elles corrigeoient pourtant une partie de l'ennui qui les dévoroit, par de petites intrigues & par des riens qu'elles érigeoient en affaires sérieuses. Elles se dédommageoient de la contrainte & de la retraite où elles vivoient, en médisant de tous les autres états de la vie : & ces médisances étoient à leur amour propre, ce que les rafinémens de la bonne chere font à un goût malade & usé.

Vis-à-vis de cette triste maiſon s'élevoit un Palais d'une architecture riante & agréable. Les dehors en étoient charmans. Une cour ſpacieuſe & plantée par intervalles égaux de myrtes & de lauriers, conduiſoit à une ſale d'aſſemblée peinte de la main de Zeuxis & d'Apelle. Tous les ſujets que ces deux grands Artiſtes avoient choiſis, étoient des ſujets voluptueux. On ne pouvoit les regarder ſans ſe ſentir touché d'une vive ardeur. Aux quatre coins de cette ſale étoient quatre Statues de l'Amour, que le fameux Praxitele avoit faites dans fa jeuneſſe la plus brillante. On ne ſavoit à laquelle de ces Statues donner l'avantage. La premiere repré-ſentoit l'Amour timide & qui cherche à s'inſinuer; la ſeconde l'Amour audacieux & qui n'é-pargne rien pour réuſſir ; la troiſieme l'Amour content & qui a réuſſi ; la quatrieme enfin l'Amour volage & qui médite ſans ceſſe de nouvelles con-quêtes.

De cette ſale d'aſſemblée on deſcendoit par un large eſ-calier de marbre dans un jar-din, où ſe trouvoient les fruits les plus délicieux & les fleurs

les

les plus belles, que produit chaque saison. Ce jardin étoit singulierement orné. On y voyoit des eaux jailliffantes qui invitoient par leur murmure à une douce rêverie, des bofquets où l'on pouvoit fe retirer tranquillement & s'entretenir fans témoins, des lits de verdure que l'Amour & Pfyché n'auroient pas dédaignés ; enfin, des Statues de marbre blanc de Paros qui, outre la beauté de l'ouvrage, étoient encore placées avec art & dans les endroits qui les diftinguoient davantage.

C'eft dans ce Palais qu'ha-

bitoient les Prêtresses de Venus, toutes également habil-
lées, & ayant un air de satisfaction qui leur convenoit au
mieux. Mercure & la Fortune
entrerent d'abord dans la salle
d'assemblée, où étoient plusieurs de ces Prêtresses assises
nonchalamment. Les unes li-
soient les Poësies de Sapho,
d'Anacréon, d'Aristophane,
de Ménandre : Les autres tra-
vailloient de l'aiguille à des ouvrages galans. Ils passerent ensuite dans le jardin, où ils virent une jeune Prêtresse qui
considéroit attentivement une
Statue. S'en étant approchés,

ſans bruit, la Fortune lui demanda ce qu'elle repréſentoit.
C'eſt la Statue d'Alcibiade,
répondit la Prêtreſſe, d'Alcibiade qui a été un des plus
grands ornemens d'Athenes,
& le fondateur de ce Palais.
J'ignore ſon hiſtoire, repliqua
la Fortune; daignez nous la
conter. Je le veux bien, ajoûta
vivement la Prêtreſſe : je la ſai
par cœur. Ecoutez-moi, & je
ſuis aſſûrée que vous m'écou-
terez avec plaiſir.

❧ Alcibiade étoit né avec tous
les talens & toutes les qualités
qui forment, ſinon un Héros
généralement applaudi, du

moins un homme fingulier; auffi modefte, auffi maître de lui-même dans la profpérité, que ferme & conftant dans l'adverfité; capable de foûtenir le poids des affaires, & de faifir ce qu'elles ont d'effentiel, mais aimant encore plus fes plaifirs, & leur donnant par cet art qu'il poffédoit fouverainement, je ne fai quel air de vertu. Peut-être abufa-t'il des qualités & des talens qu'il avoit reçûs de la Nature. Mais on n'eft jamais extrèmement riche, fans être prodigue. L'opulence expofe à bien des diffipations.

Jeune encore, Alcibiade fut

mis sous la discipline de Socrate, qu'on regardoit comme un *faiseur d'honnêtes-gens*, & il apprit de lui à connoître la Religion naturelle qui mene, sans détour, à la révélée, & à mépriser les opinions frivoles & indécentes dont les Atheniens étoient si prevenus. Il en railloit souvent avec ses amis : ce qui lui attira mille persécutions de la part de ces hommes impérieux, qui veulent qu'on respecte toutes leurs folies, & pardonnent rarement à ceux qui les dédaignent.

Après la mort injuste de Socrate, après cette mort, dis-je, qui a commencé tous nos malheurs & tous les affoiblissemens de la République, on souhaita unanimement de mettre Alcibiade à la tête de l'école de Philosophie qu'il avoit fondée, & qui étoit remplie de Sujets excellens. Mais Alcibiade aima mieux la céder à Platon, avec lequel il avoit vêcu familierement : & pour lui, il se tourna vers les affaires du gouvernement ; il se crut assez fort pour retenir l'Etat sur le penchant de sa rüine. Et l'on juge qu'il y auroit réussi, sans les contradicteurs & les envieux de sa gloire.

Le peuple le chaſſa d'Athenes, & l'y rappella tour-à-tour. Il en ſortit, & il y rentra avec une tranquillité qui marquoit la grandeur de ſon ame. Les mauvais traitemens n'abbatirent point ſon courage, comme les diſtinctions les plus glorieuſes ne l'éleverent point. Il fut toûjours ce qu'il devoit être: ſobre à Lacédémone, magnifique à la Cour des Rois de Perſe ; amoureux des beaux arts & connoiſſeur à Athenes, ne parlant que de commerce à Corinthe, & de domination à Thebes. Il tira de la Philoſophie tout l'avantage qu'en tirent les efprits bien faits, qui eft de favoir vivre avec les hommes, de gliffer fur leurs défauts, & de profiter de leurs bonnes qualités, s'ils en ont quelques-unes. Enfin, il fe refugia dans une petite maifon de campagne, avec une femme qu'il aimoit uniquement. Mais fes ennemis vinrent par différentes routes l'affiéger dans cette maifon, y mirent le feu, & le tuerent à coups de flêches. Sa Maîtreffe n'ayant pû le défendre, périt au milieu des flammes.

Avant que de quitter Athenes pour la derniere fois, Al-

cibiade fonda cette maison &
la consacra solemnellement à
Venus, *à qui il avoit*, disoit-il,
*obligation de tous les bonheurs de
sa vie.* Nous sommes ici huit
Prêtresses, sans compter un
grand nombre de domestiques,
& nous vivons les unes avec
les autres sans trouble, sans
inquiétude, sans jalousie. Tout
est dirigé dans cette maison au
plaisir, non à celui qui enivre
l'ame d'une folle joie, mais au
plaisir qui s'accorde avec les
sentimens du cœur, & n'est
point suivi de remords. Tout
s'y passe avec bienséance : on
ne dit, on n'entend rien dont

la vertu puiſſe rougir. Nous recevons volontiers les hommes doux, polis, diſcrets, & qui ont des mœurs. S'ils nous rendent des ſoins, notre amour propre en eſt flatté; mais notre reconnoiſſance ſe retient dans les bornes preſcrites. A l'égard de ceux qui s'occupent à décrier les autres, ou qui ſe vantent des faveurs que ſouvent ils n'ont point reçûes, nous les congédions ſans bruit. Car il y a un reſpect général & attaché à toute ſociété, qui ne doit jamais être violé : & c'eſt ce reſpect mutuel qui fait l'agrément de la vie.

La jeune Prêtresse en ache-
vant ce discours, fit voir à Mercure & à la Fortune ce qu'il y
avoit de plus curieux dans la
maison & de plus remarquable.
Après plusieurs questions pas-
sageres, Mercure lui demanda
si l'on faifoit des vœux parmi
les Prêtresses de Venus. « Eh!
» qu'est ce que des vœux, ré-
» pondit - elle ? Rien ne nous
» force à en faire, rien ne nous
» y oblige. D'ailleurs, peut-
» on se promettre d'avoir de-
» main la même façon de pen-
» ser qu'on a aujourd'hui?…
» Non, Mercure, nous ne
» faisons point de vœux. Mais

» ce que nous avons choifi ,
» après une mûre délibération ;
» conftantes dans notre choix ,
» nous le tenons par honneur ,
» à caufe de la honte qu'il y
» auroit à changer. Si quel-
» qu'une parmi nous fe man-
» quoit à elle-même , nous la
» plaindrions ; mais nous ne
» la haïrions pas .... Plaindre
» eft un mouvement naturel :
» haïr eft un vice refléchi de
» l'ame. Nous en fommes in-
» capables ? »

Tout ce détail plût fi fort à la Fortune , qu'elle promit fa protection aux Prêtreffes de Venus , & qu'elle les favorifa

utilement dans toutes les oc-
casions qui se présenterent. Sur
cela, Venus & la Fortune qui é-
toient depuis long-tems brouil-
lées ensemble, se raccommo-
derent l'une avec l'autre. Cette
société de Prêtresses s'accrût
si fort dans la suite, qu'à l'exemple d'Athenes, toutes les autres Villes de la Grece voulu-
rent en avoir. Elles se répandi-
rent de-là dans les Cours vo-
luptueuses & superbes des Rois
d'Asie, où elles furent reçûes
avec une distinction plus grande qu'on n'y recevoit les Rei-
nes mêmes & les filles des Rei-
nes. Mais comme les meilleurs

établiſſemens dégénerent à la fin, ces Prêtreſſes, ſoit par leurs pratiques ſourdes & leurs menées ſecretes, ſoit par leur avarice que rien ne pouvoit aſſouvir, tomberent dans des deſordres infinis. Souvent on tenta de les reformer, & quelquefois on y réuſſit, ou du moins on crut y avoir réuſſi. Mais le mal devint ſi général, que les Réformateurs eux-mêmes furent agréablement ſéduits, & qu'ils laiſſerent un libre cours à la ſéduction, qui, du cœur, paſſe ſi aiſément à l'eſprit. Les Prêtreſſes de Venus vécurent depuis ſuivant leur goût, & même suivant leur caprice. On ne chercha plus à les inquiéter. Le nombre de leurs partifans groffit de jour en jour, & elles n'eurent que de foibles adverfaires ; parce que le plaifir eft le maître, le lien de la fociété, & que chacun entraîné comme malgré foi, fe flatte d'y avoir fa bonne part, d'y trouver un foulagement à tous fes maux. O plaifir, qui ne te cherche point, & qui eft affez heureux (1) pour te trouver !

Pendant que la Fortune &

_____

(1) *Te Corydon, ô Alexi. Trahit fua quemque voluptas.* Virg.

Mercure s'entretenoient ainſi, on vint les avertir qu'on célébroit à l'Académie l'anniverſaire de la mort du divin Platon. Ce Philoſophe s'étoit acquis une ſi grande réputation par ſes Ouvrages, par la politeſſe de ſes mœurs, par les charmes de ſa converſation, qu'on regarda à Athenes le jour de ſa mort, comme le jour de ſon triomphe, comme le (1) jour où dégagé des chaînes peſantes qui retenoient ſa belle ame, il s'étoit réuni à la Divi-

(1) *Candidus inſueti miratur limen Olympi,*
Sub pedibuſque videt nubes & ſidera
Daphnis. Virgil.

nité.

nité. Tout le monde ce jour-là couroit à l'Académie. Il y avoit pluſieurs ſales parées avec ſoin, & qui étoient ornées de peintures allégoriques , toutes propres à faire voir que pour inſtruire les autres , il falloit commencer par leur plaire , & qu'il y a une éloquence douce & perſuaſive à laquelle on ne peut réſiſter , & on ne réſiſte que par une rebellion opiniâtre du cœur.

Dans une de ces ſales, les Muſiciens chantoient des Hymnes à l'honneur de Platon. Ils le loüoient , non des vertus qu'il auroit dû avoir, mais de celles qu'il avoit euës effectivement. Dans une autre, les Poëtes à l'unisson récitoient des Vers de toutes les sortes, grands & petits, forts & foibles, héroïques & comiques. Mais rien n'étant plus difficile que de réüssir en Poësie, la plûpart de ces Vers devoient paroître bien mauvais à ceux qui étoient accoûtumés à la lecture d'Hesiode, d'Homere, de Pindare, & même de Platon, qui, sans être Poëte, a dans ses Ecrits toute la noblesse & toute l'harmonie de la Poësie la plus sublime. Dans la troisieme sale, on se répandoit en déclamations vaines & faftueuses, où il y avoit de l'esprit à la vérité, mais où il n'y avoit que de l'esprit. Dans la quatrieme enfin, on expliquoit plusieurs points de la doctrine de Platon, par forme d'entretien, & comme si l'on étoit de plein-pié les uns avec les autres : ce qui est la maniere la plus avantageuse d'enseigner, sur-tout la Philosophie.

Après avoir traversé les quatre sales, Mercure conduisit la Fortune dans le jardin de l'Académie où plusieurs personnes se promenoient & s'arrêtoient tour à tour, avec cette liberté que donne la promenade.

» Hé! qui font ces gens-là, de-
» manda la Fortune ? Pourquoi
» ne fe faufilent-ils point avec
» les autres ? Ce font des hom-
» mes tranquilles & vertueux,
» répondit Mercure, qui cher-
» chent moins à paroître qu'à
» s'inftruire les uns les autres.
» La raifon eft leur guide, &
» ils rejettent tout ce qui n'eft
» point cette raifon. » En parlant ainfi, ils entendirent l'un
d'eux qui s'écrioit : Je vous le
répete encore, tout décroît,
tout dépérit, tout annonce une
ruine prochaine. Les mœurs
déja fi affoiblies par d'anciens
préjugés, fe corrompent de plus

en plus : les esprits n'ont ni force, ni assiette, ni vigueur. On
ne s'occupe que de bagatelles,
on ne court qu'après des amusemens frivoles. Les Egyptiens
disoient autrefois: *O Grecs, vous
êtes des enfans, & vous serez toûjours des enfans.* Ce reproche se
vérifie de jour en jour. En effet,
nous sommes encore dans l'enfance de toute chose : dans
l'enfance de la Religion, elle
est tous les jours attaquée par
des ennemis foibles, à la vérité,
mais qui prennent insolem-
ment le titre d'esprits forts;
dans l'enfance des lois, on les
tourne de cent façons différen-

tés, les anciennes font abrogées
& d'autres fuccedent en leur
place ; on fait, on défait, on
refait ; dans l'enfance de la Morale, à peine en connoiffons-
nous les premiers principes ;
nous les fuivons encore moins ;
enfin dans l'enfance des devoirs
de la fociété, tout eft mode, caprice, bifarrerie, jufqu'à la hai-
ne & à l'amitié. Rien n'eft fta-
ble parmi nous; rien n'a pris une
certaine confiftance : nous paf-
fons d'une frivolité à l'autre : ce
qui plaît un jour, ce qui attire
tous les fuffrages, déplait le
jour fuivant, eft dédaigné, mé-
prifé... En vérité, nous fom-

mes bien enfans. Il ne faut que
des joüets pour nous amuſer,
oui, des joüets, des riens.

La nouvelle que la Fortune
étoit entrée à l'Académie avec
Mercure, ne fut pas plutôt ré-
pandue, que toutes les ſales ſe
deſemplirent de monde, & que
chacun courut au jardin. L'envie de la voir & de lui parler
étoit ſi grande, qu'on ſe portoit
les uns ſur les autres. Poëtes,
Orateurs, Hiſtoriens, faiſeurs
de Relations, Compilateurs
d'Anecdotes, tout s'empreſſoit
pour arriver des premiers. Mé-
contente de ce tumulte, & encore plus indignée contre les

L iiij

gens de lettres qui s'aviliffent par leurs flatteries & leurs baffeffes, la Fortune fe rendit invifible, & alla au bas du jardin où étoit une efpece d'hermitage. Là reprenant fa figure ordinaire, la Fortune interrogea un jeune homme qui étoit affis fur le feuil de la porte, & lui demanda à qui cette petite maifon ifolée appartenoit. « C'eft » le lieu, répondit-il, c'eft la » retraite où fe rendoit le cé» lébre Periclès, pour fe délaf» fer des foins importuns du » gouvernement, & où il phi» lofophoit, fans témoins, avec » Anaxagore, & d'autres amis

» de cette trempe..... Vous
» favez, ô Fortune, de qui je
» veux parler. Vous l'avez tour
» à tour affez favorifé & affez
» maltraité. Mais, comme les
» détails pourroient (1) vous
» avoir échappé, permettez-
» moi de vous en rappeller ici
» quelques-uns. »

Periclès vint par curiofité à Athenes. Il étoit encore jeune. Il fe plût dans cette Ville : il aima la conftitution de notre République : Il forma la réfolution éclairée de demeurer parmi nous. Son mérite & fes

(1) *Fortuna numquam fimpliciter indulget.*
Quint. Curtius.

talens ayant été bien-tôt connus, on le chargea de différentes affaires : il y réuffit. Dans
la fuite, on le chargea de plus
grandes encore : il y réuffit également. Ce fut alors que Periclès s'attacha à la belle Afpafie.
Elle avoit un grand nombre
d'Amans, qui tous s'efforçoient
de lui plaire, & cherchoient
à fixer fon cœur incertain du
choix. Une noble fierté la faifoit refpecter. Mais dès que Periclès parut, & qu'il fe fit connoître avec tous les avantages
qui le caractérifoient, il n'eut
plus de rivaux. On lui céda la
place fi long-tems difputée.

Mais ſes concurrens devinrent ſes plus cruels ennemis, & les jaloux de ſa gloire.

Aſpaſie n'étoit pas une femme ordinaire. Elle aimoit Periclès paſſionnément : mais elle vouloit que Periclès devint le plus grand-homme de ſon ſiecle. Loin de l'amollir par des careſſes voluptueuſes, & de le promener lâchement de plaiſirs en plaiſirs, loin de le détourner de l'application ſuivie qu'il devoit aux affaires générales & particulieres de la Republique, Aſpaſie lui inſpira le goût de l'Heroïſme & le noble amour de la vérité, amour ſi néceſſaire

à toutes les perſonnes en place.
Mais plus s'étendoit la réputation de Periclès, plus augmen-
toient les noirs complots & les
trames ſecretement tiſſues de
ſes ennemis. On l'exila enfin
comme étranger, & on retint
Aſpaſie comme étant née à
Athenes. « Le ſort impitoya-
» ble, dit-elle à Periclès en le
» quittant, nous ſépare l'un de
» l'autre. Hélas ! nous ne nous
» reverrons plus. Je vous dis
» un dernier adieu … Et com-
» ment pourrois-je ſurvivre à
» votre abſence ? Non, Peri-
» clès, je n'y ſurvivrai point…
» Mais ſongez à juſtifier mon

» choix. Faites-voir à tout l'u-
» nivers que j'ai aimé un hom-
» me qui méritoit l'attache-
» ment d'une femme fensée &
» vertueufe. J'ai plus fongé à
» votre gloire, qu'à vos plaifirs.
» Vous êtes devenu, & par la
» force de votre efprit, & par
» la netteté de vos procédés,
» ce que je voulois que vous
» fufliez. Continuez à être
» vous-même. Que les difgra-
» ces ne vous abattent point !
» Que les revers donnent une
» nouvelle vigueur à votre a-
» me ! C'eft l'épreuve des Sa-
» ges… Pour moi, ne m'ou-
» bliez jamais. Ne perdez point

» le souvenir d'une femme cou-
» rageufe, qui vous a conftam-
» ment adoré. Que je revive en
» vous, & que, préfente à vo-
» tre efprit, je vous excite toû-
» jours à faire de grandes cho-
» fes! » En ce moment difparut
Afpafie; & Periclès fut obligé
de partir.

Quelques années après, il
obtint fon rappel, mais à condition qu'il ne fe mêleroit d'aucune affaire. C'eft-là tout ce
qu'il demandoit. La charmante
Afpafie étoit morte pendant
fon abfence, & il fe livra tout
entier à l'étude fi confolante de
la Philofophie. Tous fes cha-

grins diminuerent alors : mais il devoit en effuyer de nouveaux, & de plus grands encore. Le célebre Anaxagore, qui étoit fon ami de toutes les heures, & le confident de fes penfées les plus intimes, vint le voir à Athenes fur ces entrefaites : & ils fe mirent tous les deux à enfeigner les principes de la Religion naturelle, & les rapports qu'elle a avec la Morale & la Politique. Le peuple furpris les écouta d'abord avec plaifir. Mais bien-tôt il fut choqué de la hardieffe avec laquelle les deux Philofophes blâmoient les fyftèmes re-

*

çûs de tems immémorial, & les cérémonies autorisées par l'usage.

On condamna Anaxagore à une amende considérable : & comme il se trouvoit hors d'état de la payer, tout l'orage fondit sur Periclès, qu'on dépouilla de ses biens, & qu'on reduisit à la derniere indigence.

Les deux Amis, plus malheureux que coupables, sortirent d'Athenes, & se retirerent à Lampsaque, où ils furent accueillis avec tous les égards que méritent les honnêtes gens qui souffrent. On leur éleva même, après leur mort, deux

Autels,

Autels, l'un dédié au Bon-sens, & l'autre à la Vérité. Titres assûrément plus flatteurs, que tous ceux dont les Princes & les Rois s'enorgueillissent davantage.

Cette histoire frappa sensiblement la Fortune : & dès ce même moment, elle résolut d'abandonner la terre infectée de tant de desordres, & de remonter au Ciel. Mercure approuva sa résolution, & mettant entre ses mains un papier cacheté, lui dit : « Voilà un « Mémoire, lequel contient les « noms de tous ceux, qui, dans « la République occupent sans

» mérite & sans vertu, des pla-
» ces importantes, & qui abu-
» sent à la honte de l'humanité,
» de leur pouvoir & de leur
» crédit portés trop loin. » C'en
est assez, répondit-elle : je ne
veux plus me mêler des affaires
des hommes, qui ne sont jamais
ce qu'ils doivent être, & veulent toûjours paroître ce qu'ils
ne sont pas. Je vais donc reprendre mon train accoûtumé,
& je laisserai le monde aller
comme il va. C'est une machine,
ô Mercure, dont tous les mouvemens sont irréguliers : mais
qui trouve dans cette irrégula-
rité même, le principe de son

action, & la force intérieure qui la fait mouvoir.

CHAPITRE VI

& dernier.

Comment la Fortune termina son voyage, & du compte qu'elle en rendit à Jupiter.

TOUT étoit tranquille dans le Ciel lorsque la Fortune en partit, & elle y trouva tout brouillé à son retour. Voici le sujet de cette brouillerie. Momus voyant arriver de loin la Fortune, courut à elle promptement, & ne manqua point

de la lui raconter en ces termes.

Il y avoit à Ephefe une Fille
charmante , & extrèmement
riche. Sa mere, qui étoit d'une
des premieres races de la Ville,
l'avoit élevée avec tout le foin
poffible , en formant fon cœur
à la vertu , & rempliffant fon
efprit de connoiffances utiles &
agréables. On refpectoit cette
mere fenfée , autant qu'on aimoit la fille , dont la beauté
naiffante & les talens affortis à
fa beauté, engageoient tous les
jeunes gens d'Ephefe à grof-
fir fa Cour. Mais , fans en dédaigner aucun ouvertement,

elle les recevoit tous avec cette politeſſe froide qui eſt pire que le dédain. Son cœur étoit tranquille : aucune phyſionomie ne l'avoit encore effleurée. Un ſoir qu'elle ſe promenoit avec ſa mere, on lui préſenta le jeune Agathon qui revenoit d'Athenes, où il avoit étudié toutes les ſciences cultivées par les Grecs. La jeune Chryſeïs (c'étoit le nom de l'Epheſienne) reſta immobile à ſa vûe : & par une de ces heureuſes ſympathies dont les ames ſont pénétrées , ſans preſque s'en appercevoir , Agathon fut aimé. Toute la Ville applaudit à ce choix que la Nature fembloit avoir préparé de longue-main : & le mariage d'Agathon & de Chryféïs alloit fe conclurre, lorfqu'elle tomba dangereufement malade. Une fievre ardente fembloit vouloir la confumer. Ses yeux appefantis fe fermoient à la lumiere, & ne s'ouvroient que quand Agathon en pleurs s'approchoit doucement de fon lit. *Je me meurs*, lui difoit elle, *je n'ai plus que quelques momens à vivre. Ne m'oubliez point. Que je vive éternellement dans votre cœur. Adieu, mon cher Agathon, je vous donne tout mon bien.*

Dès le commeucement de la maladie de Chryseïs, sa mere avoit été trouver les Prêtres qui deſſervoient le fameux Temple de Diane d'Epheſe, & leur avoit promis une ſomme conſidérable d'argent, ſi ſa fille revenoit en ſanté par le ſecours de leurs ſacrifices. A l'égard de ſon Amant, qui avoit moins de confiance dans les Pontifes, il envoya chercher deux hommes célebres de la famille des Aſclepiades, leſquels exerçoient la Medecine aux environs d'Epheſe. Ils arriverent en peu de tems, virent la malade & lui donnerent

M iiij

d'un élixir ou d'une teinture (1) folaire qui la ranima, & lui rendit la vie & le mouvement. Cependant les Pontifes adreffoient leurs prieres à Diane : & comme ils étoient auffi vains qu'intéreffés, ils s'attribuerent la guerifon de Chryfeïs, que les Medecins revendiquoient de leur côté.

Sur cela intervint un grand procès devant les Juges d'Ephefe. Tous les fuperftitieux étoient pour les Pontifes, & tous les honnêtes gens pour les Me-

(1)   *Spargunt que falubris Ambrofiæ fuccos, & odoriferam panaceam.* Virgil.

decins. Les premiers en appel-
loient à Diane, leur grande
protectrice ; & les seconds au
sens commun, qui exige sage-
ment qu'on éprouve tous les
remedes naturels, avant que de
recourir aux Dieux. La crainte
empêcha les Juges de décider :
car, pour l'ordinaire, ils crai-
gnent plus qu'ils n'osent. A
leur défaut, les Prêtres éleverent leur voix, & Diane les
écouta favorablement. Elle mit
dans son parti toutes les autres
Déesses qui avoient des Temples & des Autels répandus sur
la terre. Un commun intérêt
les lioit les unes aux autres.

*

Mais Esculape & tous les Dieux subalternes se déclarerent pour les Medecins : & ce qui leur donnoit un nouveau relief, c'est qu'ils ne demandoient qu'une récompense modique pour la guérison procurée à l'aimable Chryseïs.

Cette querelle a partagé tout le Ciel. Il s'agit, dans le doute qu'une chose soit un miracle ou un effet naturel, il s'agit de savoir pour lequel des deux il vaut mieux se déclarer, pour l'effet naturel, ou pour le miracle. *A mon égard*, ajoûta Momus de ce ton qui lui étoit particulier, *je crois qu'il est plus or-*

'dinaire à la Divinité de laiſſer les évenemens ſe developper les uns des autres, que d'en interrompre la chaîne par des prodiges & des coups d'éclat. Quoiqu'il en ſoit, ô Fortune, vous voilà prévenue. Prenez votre parti. Car le rôle d'une femme, & ſur-tout d'une Déeſſe, eſt d'entrer dans toutes les brouilleries. Elle ſatisfait par-là ſa curioſité, & ce qui en vaut bien la peine, elle nuit toûjours à quelqu'un.

La Fortune ſentit parfaitement tout l'ironique de la fin du diſcours de Momus. Mais elle ne jugea point à propos d'y répondre, quoiqu'elle en

*

eût une grande envie. Sa principale affaire étoit d'aller voir
Jupiter, & de lui rendre compte du succès de son voyage.
» Ce seroit une faute impar-
» donnable, se disoit-elle à
» elle-même, que de m'amu-
» ser en chemin. Il ne faut
» point que rien m'arrête....
» Ah ! que Momus seroit char-
» mé que je me donnasse ce
» ridicule ! »

Jupiter qui avoit sû l'arrivée de la Fortune, l'attendoit
avec impatience, & la voyant
venir de loin, il lui cria : ap-
prochez, ma chere fille, venez m'embrasser.... Et bien,

que dites-vous des hommes,
de leur maniere de penſer &
d'agir ? Vous ont-ils fait un ac-
cueil obligeant, & tel que vous
le méritez ? Avez-vous trouvé
parmi eux beaucoup de reconnoiſſance ? Vos faveurs ne ſe
ſont-elles pas répandues ſur des
ingrats ? Pere des Dieux & des
hommes, reprit la Fortune,
ne m'en parlez point. Quelle
maudite race, que celle qui
habite la terre ! Je me repens
bien d'y avoir fait un voyage.
A peine ai-je trouvé deux ou
trois hommes raiſonnables, attentifs ſur eux-mêmes, contens
de leur ſort, parmi des milliers

d'hommes que j'ai vûs. Les uns
font fous, extravagans ; ils fouhaitent & ne fouhaitent plus ,
ils fe confument en projets ,
ils courent après des chimeres :
les autres joüiffent fans favoir
joüir ; ils font bas , rampans ,
plus efclaves que leurs efclaves
mêmes ; amis de ceux qui les
flattent , & ennemis de ceux
qui ofent leur dire la vérité : ils
vivent fans réflexion , (1) ils
meurent fans avoir fenti qu'ils
ont vécu : les autres enfin, plus

(1) *Dum quærimus ævum ,*
Perdimus, & nullo votorum fine beati,
Victuros agimus femper , nec vivimus
unquam. Manil.

vils que les plus vils automa-
tes, agiffent par inftinct & ne
connoiffent pas même la raifon; tout les étonne, ils ou-
vrent des yeux ftupides & ne
voyent rien; leur ame eft plus
informe que le marbre le plus
brut ... Dites - moi donc, ô
Jupiter, quelle raifon vous a
engagé à créer les hommes ?
De quelle utilité ces êtres font-
ils dans l'Univers ?

L'œuvre de la création, répondit Jupiter, auroit été im-
parfaite, fi l'univers n'eût con-
tenu tout ce qui eft poffible,
tout ce qui peut exifter. L'homme eft donc poffible, puifqu'il

exifte. Il a de bonnes & de mauvaifes qualités tellement mê-
lées enfemble, qu'on ne peut
s'empêcher de l'eftimer, & de
le méprifer prefqu'en même
tems. Il n'eft ni heureux ni malheureux. Il ignore même ce
que c'eft que bonheur & que
malheur. Le faux lui plaît autant que le vrai. Il appelle hafard ce qu'il ne connoît pas. Il
fe croit libre, parce qu'il fuit
volontairement les ordres de
la Deftinée auxquels il eft af-
fujetti... Laiffez donc les hommes tels qu'ils font : ne vous
embarraffez ni de leurs éloges
ni de leurs reproches. Ce feroit

pour

pour vous une trop grande gê-
ne que de vouloir demêler cu-
rieusement les gens de mérite,
que de chercher plus curieu-
sement encore à ne répandre
que sur eux vos faveurs.... Je
vous ajoûterai, mais en secret,
que le monde ne pourroit sub-
sister, si l'on n'appelloit que
d'honnêtes gens aux premieres
places, si l'on n'employoit que
des hommes vertueux, si toutes les affaires ne passoient que
par leurs mains... Comptez,
ma chere fille, que les vices,
les desordres, l'avidité du gain,
le luxe, les dissipations ridicu-

les, les fatuités mêmes, servent plus à donner de l'éclat à une société, que les vertus qui n'ont qu'une seule allûre, toûjours conforme au devoir le plus rigoureux. Il est vrai que cette société ne peut durer long-tems. Mais sur ses débris il s'en forme une autre, & une autre encore après. C'est ainsi que les choses humaines souffrent, & doivent souffrir des variations continuelles... Ainsi, ne craignez rien, ô Fortune, & agissez à vôtre maniere accoûtumée. Les uns se plaindront de vos rigueurs, car il

faut toûjours qu'il y ait des
gens qui se plaignent : les autres vous loüeront des faveurs
que vous leur aurez accordées,
& moins ils se sentiront de talens & de mérite, plus leurs
loüanges seront vives & écla-
tantes. Voilà tout ce que je
puis vous dire pour le présent.
Au reste, je sai que la terre
retombe insensiblement dans
le cahos d'où elle a été tirée il
y a un certain nombre de sie-
cles. Quand elle y sera retom-
bée tout-à-fait, alors nous
prendrons de nouvelles me-
sures, & après l'avoir délivrée

& nettoyée des êtres qui la
peuplent aujourd'hui , noûs y
en placerons d'autres plus sages & plus raisonnables.

VOLUPTATIS ENCOMIUM.

Vos ô Deliciæ, Joci, Lepores,
Qui meum otiolum fovetis, ite,
Ite ad hunc gravis ingeni Catonem,
Qui supercilio nimis severo
Ludum carpit atrox cupediasque,
Bacchum Lætitiæ arguit datorem,
Nympharumque choros levesque cantus.
Ite, ut vos amo, simplici apparatu
Et fuco sine : nam fugit voluptas
Pigmentum nimiæ artis, & decenti
Quem Natura probat, nitore gaudet.
O suavis nimium! O potens voluptas !
Mentis lena bonæ & comes quietis,
O quantum rigido meo Catoni
Placeres, tibi si placeret ipse,
Comis & benè victitans libenter,

Edoctusque suos polire mores !
Nam nec ludere, nec merum diotâ
Domi promere quadrimum Sabinâ,
Cum tempus vacat & sinunt amic,
Nec lacessere Virginem decoram
Cui mellita fluunt ab ore verba,
Mehercle ! prohibetur otiosis.

FIN.